子どもの生活理解と環境づくり ［改訂版］

～就学前教育領域「環境」と小学校教育「生活科」から考える～

編著
岡野　聡子

ふくろう出版

巻頭言
子どもの生活理解と環境づくり（改訂版）に寄せて

子どもと環境の教育的なかかわり

梶田 叡一（桃山学院教育大学学長/奈良学園大学前学長）

　小学校に入学する前後の発達段階にある子どもにとって、自分を取り巻く環境との間にどのようなかかわりをもつことが望ましいのでしょうか。この問題をめぐっては、心理学的な研究成果も蓄積されてきており、また私自身、いろいろと考えさせられてもきました。

　1980年前後の時期、小学校の低学年の理科と社会科の扱いをどうするかの議論が本格化し、「小学校低学年教科構成等検討懇談会」が文部省に設置され、私もメンバーとして議論に参加しました。これは後に「小学校低学年の教育に関する調査研究協力者会議」と改称され、継続した議論を重ねた結果、1986年7月に「審議のまとめ」が出されました。ここで初めて、小学校の低学年の理科と社会科を廃して新たに生活科を創ろうということになったわけです。

　ここでは「子どもと環境との教育的なかかわり方」が議論されたのですが、大事な点は、以下の事柄でした。

（1）子どもは自分を取り巻く環境とのかかわりの中で学んでいくが、幼児から小学校低学年までの発達段階では、子どもにとって自然環境とか社会環境といった別はなく、さまざまな要素を含む総合的な環境として捉えた方が教育的に適切である。

（2）この時期における子どもと環境とのかかわりを通じた学びは、概念的に整理されたものでは必ずしもなく、体験的なものである。したがって、子どもの側から環境のさまざまな要素にむけて旺盛な関心をもち、好奇

心をもち、自分なりに調べたり確かめたりしてみようとする活動を中心
　　とした体験的で総合的な学習活動を行うべきである。
（３）子どもが主体的に環境とかかわりつつ環境の諸要素に目を向けること（「自
　　分と社会」（人々、もの）「自分と自然とのかかわり」）が大切である。ま
　　たこれと同時に、かかわりの当事者である自分自身に対しても目を向け
　　る（「自分自身」）ことを忘れてはならない。

　こうした考え方を中核に新教科「生活科」を創ろうということで、学習指導
要領に「生活科」をどう表現するか議論する協力者会議が設けられ、私も引き
続きメンバーの一員として加わりました。そして、多少の紆余曲折はありまし
たが、1987年に正式に新教科としてスタートしたわけです。
　「子どもにとっての未分化な環境との総合的で全面的なかかわり」「環境との
主体的で能動的で体験的なかかわり」「環境との自我関与的な自分ごとに引き
つけてのかかわり」といった生活科創設時の基本的な考え方は、現在の「生活
科」にも引き継がれています。そして同時に、幼稚園教育要領や保育所保育指
針等における領域「環境」についても、同様な考え方が下地にあると考えてよ
いでしょう。保幼小連携を進展させ、深めていく上からいっても、まさにそう
でなくてはならないと考えています。
　本書では、幼児期から児童期へと進んでいく子ども達の心身発達の状況に即
し、就学前教育における領域「環境」と小学校低学年の「生活科」を結び付け
ながら、その教育活動の在り方を具体的に論じています。これから幼稚園や保
育所、子ども園の保育者になろうとする人、また小学校教員になろうとする人
にとって、原理的な点をきちんと踏まえながら実際の取り組みを学ぶ上での基
本的テキストブックとして十分に活用していただくことを心から期待していま
す。

　　平成31年３月

子どもの生活理解と環境づくり　改訂版
～就学前教育領域「環境」と小学校教育「生活科」から考える～

目　　次

目　　次

巻頭言

　子どもと環境の教育的なかかわり（梶田叡一）

第1章　就学前教育から小学校教育へ ……………（岡野・松田）　1

第1節　就学前教育と領域「環境」とは ……………………… 1

　1．就学前に求められる教育とは ……………………………… 1

　　1）環境を通して行う教育 ───────────── 1

　　2）就学前にふさわしい生活の展開 ───────── 2

　　3）遊びを通した総合的な指導 ───────────── 4

　　4）一人一人の発達過程に応じた指導 ──────── 5

　2．資質・能力の三つの柱と幼児期の終わりまでに育ってほしい姿とは ‥‥7

　　1）資質・能力の三つの柱 ─────────────── 7

　　2）幼児期の終わりまでに育ってほしい姿（10の姿）──── 11

　3．領域「環境」のねらいと内容 ……………………………… 14

　　1）就学前教育にて育む「心情・意欲・態度」

　　　〜5つの領域から、子どもの育ちを保障する〜 ──── 14

　　2）領域「環境」のねらいと内容 ───────────── 15

　　3）内容の取扱い ──────────────────── 16

　　4）領域「環境」から、小学校教育「生活科」へ ───── 17

第2節　幼稚園・保育所と小学校との連携を踏まえた教育 ……21

　1．大きく変わる幼児の生活 …………………………………21

　2．幼稚園・保育所と小学校との違い ………………………22

　　1）子どもの空間認識 ───────────────── 22

　　2）生活の枠としての時間 ─────────────── 22

３）新しい経験としての勉強 ──────────── 23

　３．１年生の学びとは‥‥‥‥‥‥‥‥‥‥‥‥‥‥‥24

　　１）学習の自立にむけて ──────────── 24

　　２）言語化する経験を積み重ねる ──────── 25

　４．就学前教育と小学校教育との連携‥‥‥‥‥‥‥‥25

　　１）幼児期の終わりまでに育ってほしい姿は、

　　　小学校でどのように発展するか ──────── 26

　　２）生きる力を育てる「生活科」──────── 26

　　３）土台となる「国語科」────────── 27

　　４）数の世界をひらく「算数科」──────── 28

　　５）みんなと揃う楽しさを体験する「音楽科」── 29

　　６）表現を楽しむ「図画工作科」──────── 30

　　７）動きを楽しむ「体育科」────────── 30

第２章　子どもの理解を深めるために‥‥‥‥‥（大野・吉村）33

　第１節　子どもにとっての園生活とは‥‥‥‥‥‥‥‥‥33

　　１．園生活の一日の流れ‥‥‥‥‥‥‥‥‥‥‥‥‥‥33

　　２．自由保育と一斉保育‥‥‥‥‥‥‥‥‥‥‥‥‥‥35

　　　１）自由保育とは ──────────────── 35

　　　２）一斉保育とは ──────────────── 37

　　３．園内の環境構成と留意点‥‥‥‥‥‥‥‥‥‥‥‥39

　　　１）園内の環境構成 ──────────────── 40

　　　２）園内の環境構成における留意点 ──────── 41

　第２節　子どもを理解することとは‥‥‥‥‥‥‥‥‥‥42

　　１．欲求と動機‥‥‥‥‥‥‥‥‥‥‥‥‥‥‥‥‥‥42

　　　１）欲求とは ───────────────── 42

　　　２）動機とは ───────────────── 44

2．発達の理解 ・・・ 46

3．個性の把握の必要性と注意点 ・・・・・・・・・・・・・・・・・・・・・・・・・ 48

4．人間関係 ・・・ 50

1）子ども同士の関係 ─────────────── 50

2）先生との関係 ─────────────────── 52

第3節　先生の役割 ・・・・・・・・・・・・・・・・・・・・・・・・・・・・・・・・・・・・・・ 53

1．教材を考える ・・ 53

1）自然体験について ────────────── 53

2）良い教材の条件 ──────────────── 54

2．保育を実践する ・・・・・・・・・・・・・・・・・・・・・・・・・・・・・・・・・・・・・ 57

3．省察と評価 ・・・ 58

第3章　自然環境とのかかわり ・・・・・・・・・・・・（筒井・村田・岡野） 63

第1節　自然体験の意義と必要性 ・・・・・・・・・・・・・・・・・・・・・・・・・ 63

1．身近な自然環境とのかかわり ・・・・・・・・・・・・・・・・・・・・・・・・ 64

1）身近な自然環境とは ───────────── 64

2）自然観察の第一歩 ────────────── 65

3）原体験の必要性とその意義 ─────────── 67

2．身近な事象を生活に取り入れることとは ・・・・・・・・・・・・・・ 68

1）身近な自然環境について考える手掛かりと、遊びへの発展 ─── 68

2）「生活に取り入れる」ということの意義 ───────── 72

第2節　植物・動物・季節への興味関心を育む環境づくり ・・・・・・ 76

1．植物とのかかわり　〜園庭の自然環境を利用して〜 ・・・・・・・・・・・・ 76

1）植物に親しみをもつ ───────────── 76

2）栽培植物の選定条件とは ──────────── 81

3）自然環境マップづくり ───────────── 82

２．動物とのかかわり　〜4つの視点から動物とのかかわりを深める〜・・・84
　　　１）観察、捕獲・採集、飼育、繁殖という4つの視点 —————— 84
　　　２）普段の生活の中で育まれる自然観や生命観 —————— 89
　　３．季節との出会い　〜春・夏・秋・冬さがし〜・・・・・・・・・・・・・90
　　　１）春さがし ————————————————— 90
　　　２）夏さがし ————————————————— 92
　　　３）秋さがし ————————————————— 93
　　　４）冬さがし ————————————————— 94

　第3節　就学前教育と小学校教育「生活科」における自然観察とは・・・96
　　１．アプローチ期の幼児の遊びと自然とのかかわり
　　　　〜遊びに含まれる学びの要素〜・・・・・・・・・・・・・・・・・・・・96
　　２．スタート期の児童の遊びと自然との関わり
　　　　〜遊びが学びを生みだす〜・・・・・・・・・・・・・・・・・・・・・98
　　３．「生活科」の授業を組み立てる　〜きせつのずかんノートの作成〜・・100

第4章　物的環境とのかかわり・・・（岡野・藪田・辻野・伊崎・中道）103
　第1節　身近なものとかかわることとは・・・・・・・・・・・・・・・・・・・103
　　１．ものの性質や仕組みを知る・・・・・・・・・・・・・・・・・・・・・・103
　　　１）ものの性質を知る ————————————— 104
　　　２）ものの仕組みを理解する ————————————— 107

　第2節　身近なものへの興味関心を深めるためには・・・・・・・・・・・・108
　　１．身近な素材とのかかわり・・・・・・・・・・・・・・・・・・・・・・・108
　　　１）子どもにとっての「泥」の魅力とは　〜泥場での遊び〜 ——— 110
　　　２）「水」とかかわる遊びを通して　〜農業用水路での遊び〜 ——— 112
　　２．数量や図形に親しむ・・・・・・・・・・・・・・・・・・・・・・・・・117

1）数概念の獲得と数の言語の獲得

　　　　　〜今日のおやすみは、何人いるの?〜 ———————— 117

　　　2）数量とのかかわり　〜へびパンを作ろう〜 ——————— 118

　　　3）図形とのかかわり　〜どの形を使えばいいかな?〜 —— 119

　　3．標識・文字に親しむ ・・・・・・・・・・・・・・・・・・・・・・・・・・・・・・・121

　　　1）標識とのかかわり　〜シールを作ろう〜 ——————— 121

　　　2）文字とのかかわり　〜乳幼児期の言語発達と思考力の育成〜 —— 125

第3節　身近なものを大切にする気持ちを育むために ・・・・・・・・・129

　　1．ものに愛着を感じるときとは ・・・・・・・・・・・・・・・・・・・・・・・・・・129

　　　1）楽しい経験をしたとき ————————————————— 130

　　　2）素材に魅力を感じるとき ——————————————— 131

　　2．ものを大切に扱うこととは ・・・・・・・・・・・・・・・・・・・・・・・・・・・132

　　　1）自分たちの遊びに取り入れる ————————————— 132

　　　2）素材を大切に使う経験をする ————————————— 134

　　　3）子どもの思いと保育者の理解 ————————————— 135

　　　4）環境の工夫と保育者のこだわり ———————————— 136

第5章　社会環境とのかかわり

　　　　　・・・・・（山本（岡田）・田中・岡野・前川・平野）　141

第1節　子どもの生活における行事の意義と役割 ・・・・・・・・・・・・・・141

　　1．園・学校生活における行事とは ・・・・・・・・・・・・・・・・・・・・・・・・141

　　　1）園・学校生活における行事の実際 ——————————— 141

　　　2）領域「環境」における行事の意義と役割 ———————— 143

　　　3）生活科における「行事」のとらえ方 —————————— 146

　　2．行事の展開と指導計画 ・・・・・・・・・・・・・・・・・・・・・・・・・・・・・・147

　　　1）行事のプロセス ——————————————————— 147

　　　2）好奇心を育む行事のあり方 —————————————— 149

３．行事への理解 ・・ 150

　１）行事の由来や意味 ──────────────── 150

　２）日本の自然や文化 ──────────────── 151

第２節　地域とのかかわりを深めるために ・・・・・・・・・・・・・・・・・・ 152

　１．地域とのかかわりを通して育ってほしい子どもの姿とは ・・・・・・・ 152

　２．地域とかかわる　〜地域のモノ・コト・人〜 ・・・・・・・・・・・・・・・・・ 155

　　１）地域の社会資源とかかわる　〜図書館に行ってみよう〜 ──── 155

　　２）地域の歴史文化とかかわる　〜有形無形のものを伝える〜 ── 156

　　３）地域の中で、多様な人とかかわる

　　　　〜子どもと高齢者の交流効果〜 ─────────── 157

　３．育ちと学びをつなぐ保幼小連携とは ・・・・・・・・・・・・・・・・・・・・・・ 158

第３節　異文化を理解することとは ・・・・・・・・・・・・・・・・・・・・・・・・ 161

　１．日本語がわからない子どもの現状 ・・・・・・・・・・・・・・・・・・・・・・・ 161

　２．異文化の「外国人の子ども」の多様性とその姿 ・・・・・・・・・・・・・ 162

　３．園・学校における環境づくりと社会に開かれた生活科にむけて ・・・・・ 164

　　１）「多文化保育環境チェックリスト」を用いた環境づくり ──── 164

　　２）社会に開かれた生活科 ─────────────── 166

資料編 ・・ 171

第1章

就学前教育から小学校教育へ

第1節　就学前教育と領域「環境」とは

1．就学前に求められる教育とは

　乳幼児期（0～5歳）は、学校の一斉授業のように共通の知識や技能を習得させる時期ではなく、身近な環境とのかかわりを通して、子ども自身の興味関心に基づいた直接的・具体的な体験から、様々なことを学ぶ時期です。

　この時期に培った忍耐力や自己制御、自尊心といった社会情動的スキル、非認知的能力は、大人になってからの生活に大きな差を生じさせる（OECD国際レポート；2015、Heckman；2013）ことや、幼児期における語彙数、多様な運動経験などがその後の学力、運動能力に大きな影響を与える（文部科学省；2014）という調査結果が報告されています。そうしたことから、今、就学前教育への社会的関心は非常に高まっているといえます。

　では、子ども達が身近な環境に興味を持ってかかわり、生きる喜びや充実感を味わうためには、どのような保育・教育環境を整える必要があるでしょうか。まずは、乳幼児教育の基本である「環境を通して行う教育」とは何かを考え、乳幼児期に求められる教育について学びを深めましょう。

1）環境を通して行う教育

　環境には、自然や事象といった「自然環境」、友達や保育者といった「人的環境」、設備や遊具、素材といった「物的環境」、文化や地域といった「社会環境」などがあります。こうした自然や人、物、社会といった環境は、相互にかかわり合いをもちながら私たちを取り囲んでいます。

　乳幼児期における保育や教育は、幼稚園教育要領や保育所保育指針でも述べられているように、「環境を通して行う教育」を基本としています。ここでい

う環境とは、子ども自身が直接的・具体的にかかわろうとする身近な環境のことであり、一人ひとりの子どもの成長にとって価値や意味のあるもののことを指しています。この時期の教育には、子どもが自分なりに身近な環境にかかわって活動を展開し、そこからさまざまな刺激を受け、それによって充実感や満足感、達成感、あるいは挫折感や葛藤などを味わいながら精神的にも成長することが求められています。そのために、園生活では、保育者が計画的に環境を創り出し、子どもが友だちとかかわって活動を展開するための素材や園具、遊具、時間、空間、また、生活の中で触れ合うことができる自然や動植物などの環境を用意する必要があります。こうした教育的配慮のもとで創り出された環境の中で、子どもが意欲的に環境にかかわり、そのことを通して子どもの発達を促すことを「環境を通して行う教育」といいます。

　人間の生活や発達が、周囲の環境との相互関係によって成り立つと考えたとき、著しい心身の発達がみられる乳幼児期は、その環境からの影響を大きく受ける時期であるといえます。また、人格形成の基盤となるこの時期に体験したことは、その後の発達や人間としての生き方にも重要な意味を与えることになるでしょう。

2) 就学前にふさわしい生活の展開

　1989年の幼稚園教育要領において、「幼児期にふさわしい生活」という言葉が取り入れられました。それ以後、要領が改訂された今日においても同様に使用され続けています。この幼児期にふさわしい生活の展開とは、一体、どのようなものでしょうか。

　田中亨胤（ゆきたね）（2009）は、幼児期における「ふさわしい生活の側面」とその生活を通して幼児の中に「育つもの」を想定し、生活を6つの段階に分類しています。入園初期では、自分なりに思いをもってまわりに関心を寄せる「安定した生活相」に重点を置き、次に、思い思いに遊んだり、自分で遊びを見つけたりする「自発的生活相」、不思議に気づきながら、まわりの環境にかかわってみようとする「意欲的生活相」、いろいろなことに自分や友だちを誘いながら取

り組んだり、遊んだりして進める「自主的生活相」へと段階を追って、園生活の質が高まっていくとしています。自発的、意欲的、自主的という言葉からもわかるように、子ども自身が周りの環境とかかわりながら活動を広げていける生活が期待されていることがわかります。そして、園生活の修了までに、「主

表1-1　生活相にあった「ふさわしい生活の側面と育つもの」

	ふさわしい生活の側面	育つもの
①安定した生活相	・ただ一人の存在として受け入れてくれる大人との生活 ・気持ちのよりどころとなる居場所のある生活 ・物語やイメージの世界に存分にひたれる生活	・自尊感情・他者との信頼感 ・安定した心情 ・想像力
②自発的生活相	・興味関心の中に楽しさを見つける生活 ・直接的、具体的体験が得られる生活 ・感動や思いを共有する友達との生活	・充実感・満足感 ・本物との出会いの喜び ・共有する喜び
③意欲的生活相	・自由な発想やイメージを実現できる生活 ・自分のよさを発揮し認められる生活 ・思いっきり身体を動かす生活	・自己表現の楽しさ・創りだす喜び ・自己実現の承認・生活実感 ・身体を動かす喜びと尊さ
④自主的生活相	・自分なりの課題に取り組む生活 ・思いを循環させながら営む生活 ・体験により知識や技能を獲得する生活	・達成感、次への意欲 ・思いを豊かに、確かに表現する力 ・知識技能を獲得する喜び
⑤主体的生活相	・自由にならない自然の生き物と付き合う生活 ・乗り越えられそうな困難に立ち向かう生活 ・違う価値観をもった友達と（主張やぶつかり拒否葛藤をへて）認め合う生活	・自然観（矛盾の肯定） ・失敗にくじけない意欲 ・他者も大切にする態度 ・様々な感情
①〜⑤全生活相にかかわる	・手に負える自然の生き物と付き合う生活 ・夢中で取り組む友達から学ぶ生活 ・大人の技能や技に触れたり、生活を共にしたりして、文化や生活の仕方を身につける生活 ・美しいもの、尊いもの、あたたかいもの、にふれる生活	・自然観（喜び・感謝） ・真似る喜び ・人のあたたかさに触れる喜び ・地域の文化・生活力・循環する意識 ・より豊かな価値観

[出典：田中亨胤（2009）「幼児期におけるふさわしい園生活展開のカリキュラム装置－ストラテジー・パラダイム－」京都文教短期大学研究紀要48：65-70より抜粋]

体的生活相」へと移行していくと想定しています。この「主体的生活相」とは、めあてをもって遊んだり、必要感をもって周りの環境とかかわりながら創っていく自分たちの生活であり、これは、小学校での生活をする上で求められる基本的態度といえます。

　また、幼稚園教育要領解説（2018）では、幼児期にふさわしい生活の展開において重視すべき項目として、「①教師との信頼関係に支えられた生活」、「②興味や関心に基づいた直接的な体験が得られる生活」、「③友達と十分にかかわって展開する生活」を取り上げています。こうした３つの項目と上記で取り上げた指標をもとに、子ども達にとってのふさわしい生活とはどのようなものかを具体的に考え、生活環境を整えることが保育者の役割となります。

３）遊びを通した総合的な指導
　子どもにとっての遊びとは、何でしょうか。IPA（International Play Association：子どもの遊ぶ権利のための国際協会）が制定した子どもの遊ぶ権利宣言（1982）には、子どもの遊びについて、次のように述べられています。

　子どもたちは、明日の社会の担い手です。子どもたちは、どんな文化に生まれた子どもでも、いつの時代に生まれた子どもでも、いつも遊んできました。
• 遊びは、栄養や健康や住まいや教育などが子どもの生活に欠かせないものであるのと同じように、子どもが生まれながらに持っている能力を伸ばすのに欠かせないものです。
• 遊びでは、友達との間でそれぞれの考えや、やりたいことを出し合い、自分を表現します。遊ぶことで満ち足りた気分と何かをやったという達成感が味わえます。
• 遊びは本能的なものであり、強いられてするものではなく、ひとりでに湧き出てくるものです。
• 遊びは、子どもの体や心や感情や社会性を発達させます。
• 遊びは、子どもが生きていくためにさまざまな能力を身につけるために不可欠なものであって、時間を浪費することではありません。

4

第1章　就学前教育から小学校教育へ

　これは、現代社会において子どもの遊ぶ時間や空間が減ってきているということに対して警鐘を鳴らした宣言でもあります。子どもにとっての遊びとは、この宣言からもいえるように、子どもの生活において欠かすことのできない自発的活動であって、生きることそのものであるといえます。子ども達の遊びの中には、子どもの成長や発達を促す上で重要な体験が数多く含まれています。幼稚園教育要領解説（2018）の「遊びを通しての総合的な指導」の中に、その事柄がよくわかる文面があるので取り上げておきましょう。

　　例えば、幼児が何人かで段ボールの家を作っているとする。そのとき幼児は作業の段取りを立て、手順を考えるというように、思考力を働かせる。一緒に作業をするために、幼児たちは自分のイメージを言葉や身体の仕草などを用いて伝え合うことをする。相互に伝え合う中で、相手にわかってもらえるように自分を表現し、相手を理解しようとする。このようなコミュニケーションを取りながら一緒に作業を進める中で、相手に即して自分の行動を規制し、役割を実行していく。また、用具を使うことで身体の運動機能を発揮し、用具の使い方を知り、素材の特質を知っていく。そして、家が完成すれば、達成感とともに、友達への親密感を覚える（文部科学省（2018）『幼稚園教育要領解説』：p.31）

　このように、子どもは一つの遊びからさまざまな経験や能力、態度を身に付けていきます。具体的な指導の場では、子どもの様子を見ながら、子どもの発達にとって必要な経験が得られるような環境を意図的に整え、状況をつくることが、保育者としての役割だといえます。

4）一人一人の発達過程に応じた指導

　就学前教育では、同じ内容を同じ方法で行うといった画一的指導も多くみられます。たとえば、母の日にお母さんの絵を同じ色の絵の具で描いてプレゼントをすることや、プール遊びをする際に水を嫌がる子どもがいても、一旦は水着に着替えてみんなと一緒にプールに入ろうとすることなど、一斉に活動を行

うというものです。皆さんの子ども時代にも、似たような経験はなかったでしょうか。

　一人一人に応じる指導とは、「子供が周囲の環境に自発的・能動的にかかわりながら、自分の世界を広げていく過程を発達としてとらえ、一人一人のその子らしい見方やかかわり方を大切にする立場にたった教育の実現」（文部省；1995）のことです。これは、保育者が子どもと共に日常生活をする中で、子ども自身の好奇心や探究心を原動力とした活動を促し、その一連の活動を見守ることを重視した教育であるといえます。見守るという保育者の態度は、一見、受け身的に捉えられるかもしれません。しかし、むしろ「よく視る」という行為は極めて能動的なもので、子どもの視線が何を捉えているかまでをも注意深く観察することであるといえます。一人一人の発達過程に応じた指導では、まず、子どもをよく「視る」ということを土台として、次に一人一人に応じることの意味についても考える必要があります。

　一人一人に応じることの一例をあげてみましょう。

　保育者に対する子どもの要求には、具体的な目的を達成するためのものではなく、保育者とかかわりを持ちたいという欲求が先立つことが多いように思います。たとえば、保育者のところに折り紙を持ってきては、「さんかくにおって」と言ってくる子どもがいたとします。すでに折り紙を三角に折ることが自分でできるにも関わらず、「やってほしい」と要求をしてきたことに対して、保育者としては、その子どもとどのようにかかわればよいでしょうか。「やってほしい」という言葉を表面的に受けとめておれば、子どもの依頼心を助長させてしまうかもしれません。また、「自分でもできるでしょ」と言えば、子どもは自分の思いを受けとめてもらえなかったと感じ、保育者に対して不信感を抱くかもしれません。子どもの思いを受けとめつつ、自発的な行為を見守ることとは、「○○ちゃん、先生が見てるから、三角に折ってみて」と促すなど、「私は、あなたのことを見ていますよ」という態度を子どもに明確に見せることなのです。子どもが折り紙を三角に折ってもらうことを目的としているのではなく、保育者とのかかわりを求めているという気持ちを察して受けとめられ

るには、普段から子どもの行動や表情、言葉をよく視ておくことが重要です。

2. 資質・能力の三つの柱と幼児期の終わりまでに育ってほしい姿とは

1) 資質・能力の三つの柱

　現代社会は、グローバル化やIT化が進み、特に情報工学・情報科学の分野においては目覚ましい発展があります。そのため、知識や技能はすぐに時代遅れになり、知っているだけでは仕事や生活に役立てることが難しくなってきています。そうしたことから、これからの時代に求められる資質・能力として、①知識・技能の基礎（何を理解しているか、何ができるか）、②思考力・判断力・表現力等の基礎（理解していること・できることをどう使うか）、③学びに向かう力・人間性等（どのように社会・世界と関り、よりよい人生を送るか）という三つの柱が幼稚園・小学校・中学校・高等学校の新学習指導要領（2017）で掲げられました。就学前教育にて育みたい資質・能力の三つの柱は、以下のように整理されています。

---

①知識・技能の基礎
　遊びや生活の中で、豊かな体験を通じて、何を感じたり、何に気付いたり、何が分かったり、何ができるようになるのか
②思考力・判断力・表現力等の基礎
　遊びや生活の中で、気付いたこと、できるようになったことなども使いながら、どう考えたり、試したり、工夫したり、表現したりするか
③学びに向かう力・人間性等
　心情、意欲、態度が育つ中で、いかによりよい生活を営むか

　また、新学習指導要領（2017）で提示された資質・能力の背景には、1996年の中央教育審議会答申「21世紀を展望した我が国の教育の在り方について」における「生きる力」の提唱があります。「生きる力」とは、変化の激しい社会を生きるために必要となる人間としての実践的な力のことです。

> 　我々はこれからの子供たちに必要となるのは、いかに社会が変化しようと、自分で課題を見つけ、自ら学び、自ら考え、主体的に判断し、行動し、よりよく問題を解決する資質や能力であり、また、自らを律しつつ、他人とともに協調し、他人を思いやる心や感動する心など、豊かな人間性であると考えた。たくましく生きるための健康や体力が不可欠であることは言うまでもない。我々は、こうした資質や能力を、変化の激しいこれからの社会を［生きる力］と称することとし、これらをバランスよくはぐくんでいくことが重要であると考えた。［生きる力］は、全人的な力であり、幅広く様々な観点から敷衍することができる。まず、［生きる力］は、これからの変化の激しい社会において、いかなる場面でも他人と協調しつつ自律的に社会生活を送っていくために必要となる、人間としての実践的な力である。
> （中央教育審議会答申（1996）「21世紀を展望した我が国の教育の在り方について」文部科学省）http://www.mext.go.jp/b_menu/shingi/old_chukyo/old_chukyo_index/toushin/attach/1309590.htmより抜粋（2019/1/19アクセス）

　この答申が出た1996年頃は、「生きる力」の意味や必要性について十分な周知徹底ができていなかったこともあり、学校関係者や保護者、社会との間に共通認識がなされていないという課題もありました。その後、2008年の学習指導要領改訂において、生きる力がより明確化され、「生きる力」＝知・徳・体のバランスのとれた力（「知」＝「確かな学力」、「徳」＝「豊かな人間性」、「体」＝「健康・体力」図１－１）として取り上げられるようになり、こうした改訂を踏まえた上で、図１－２に示す「知識・技能の基礎」、「思考力・判断力・表

図１－１　「生きる力」＝知・徳・体のバランスのとれた力
文部科学省のホームページ：
http://www.mext.go.jp/a_menu/shotou/new-cs/idea/index.htm
（2019.1.19アクセス）

第1章　就学前教育から小学校教育へ

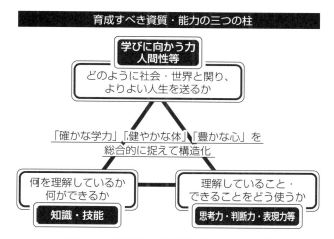

図1-2　育成すべき資質・能力の三つの柱
[出典：文部科学省（2017）「新しい学習指導要領の考え方－中央教育審議会における議論から改訂そして実施へ－」p.15より抜粋]

現力等の基礎」、「学びに向かう力・人間性等」ができました。

　また、この資質・能力の三つの柱を育むために、「主体的・対話的で深い学び」というアクティブ・ラーニングの視点も明記されました。アクティブ・ラーニングとは、学習者が能動的に学ぶことができるような授業を行う学習方法ですから、就学前教育は、常にアクティブ・ラーニングを実施しているといえます。そのため、こうした視点が導入されたからといって、普段の保育・教育活動が大きく変わるわけではありません。保育者が資質・能力の三つの柱や主体的・対話的で深い学びを念頭に置きながら子どもにかかわることで、何を学ばせたいかが明確になり、より丁寧で目的意識をもった保育・教育活動が可能になるといえます。

　次頁の表1-2は、就学前教育にて育みたい資質・能力の三つの柱と主体的・対話的で深い学びのアクティブ・ラーニングの視点を筆者が構造化したものです。それぞれの要素を具体的に提示していますので、参考にしてください。

表1−2　就学前教育にて育みたい資質・能力の三つの柱とアクティブ・ラーニングの視点の構造化（筆者作成）

小学校教育	個別の知識や技能（何を知っているか、何ができるか）	思考力・判断力・表現力等（知っていること・できることをどう使うか）	学びに向かう力、人間性等　情意、態度等に関わるもの（どのように社会・世界と関わり、よりよい人生を送るか）
	幼児期の終わりまでに育ってほしい姿（幼稚園修了時の具体的な姿・教師が指導を行う際に考慮するもの）①健康な心と体、②自立心、③協同性、④道徳性、⑤規範意識の芽生え、⑥思考力の芽生え、⑦自然との関わり・生命尊重、⑧数量や図形、標識や文字などへの関心・感覚、⑨言葉による伝え合い、⑩豊かな感性と表現		
就学前教育	個別の知識や技能の基礎（遊びや生活の中で、豊かな体験を通じて、何を感じたり、何に気付いたり、何がわかったり、何ができるようになるのか）要素：基本的な生活習慣の獲得、規則性、法則性・関連性等の発見、様々な気付き、発見の喜び、身体感覚の育成、日常生活に必要な言葉の理解、身体的技能や芸術表現のための基礎的な技能の獲得、等	思考力・判断力・表現力等の基礎（遊びや生活の中で、気付いたこと、できるようになったことなども使いながら、どう考えたり、試したり、工夫したり、表現したりするか）要素：試行錯誤、工夫、予想・予測・比較・分類・確認、他の幼児の考えなどに触れ、新しい考えを生み出す喜びや楽しさ、言葉による表現・伝え合い、振り返り、次への見通し、自分なりの表現、等	学びに向かう力、人間性等（心情、意欲、態度が育つ中で、いかによりよい生活を営むか）要素：思いやり、安定した情緒、自信、相手の気持ちの受容、好奇心、探究心、葛藤・自分への向き合い・折り合い、話し合い・目的の共有・協力、表現する喜び、色・形、音等の美しさに対する感覚、自然現象や社会現象への関心、等
深い学びの過程	規則性・法則性・関連性等の発見と活用（○○だから△△になるのね・○○なのね△△だから、△△すると○○になるのそうか、次に○○するとどうなるのかな）	試行錯誤、気付き、発見の喜び（なぜ・どう）して・どうなるのかな・見付けた・予想・予測、比較・分類・確認（○○かもしれない・○○になりそう、○○かな）確認（○○は同じだけど△△は違う）	感動・感覚（すごいなあ、きれいだなあ○○だね・△△△だよ）
	直接的・具体的な体験の中で、見方・考え方を働かせて対象と関わり心を動かし、幼児なりのやり方やペースで試行錯誤を繰り返し、生活を意味あるものとして捉える「深い学び」が実現できているか		
対話的な学びの過程	他者との関わりを深める中で、自分の思いや考えを表現し、伝え合ったり、考えを出し合ったり、協力したりして目的の達成を求める「対話的な学び」が実現できているか	思いの伝え合い、イメージの共有、共感、刺激の共有し合い、対話や話し合い	依存と自立、信頼関係、葛藤・内省・折り合いと自立、目的の共有、協力
主体的な学びの過程	周囲の環境に興味や関心を持って積極的に働きかけ、見通しを持って粘り強く取り組み、自らの遊びを振り返って次につなげる「主体的な学び」が実現できているか		安定感、安心感、興味や関心、自発心、自己肯定感、探究心、持続性、粘り強さ、振り返り、見通し

就学前教育にて育みたい資質・能力の3つの柱について

アクティブ・ラーニングの視点からのどのように学ぶのか

第1章　就学前教育から小学校教育へ

２）幼児期の終わりまでに育ってほしい姿（10の姿）

　幼児期の終わりまでに育ってほしい姿（10の姿）は、文部科学省幼児教育部会（2010）「幼児期の教育と小学校教育の円滑な接続の在り方について」の報告において取り上げられた子どもの姿と2017年の学習指導要領改訂にて提示された資質・能力の三つの柱を手掛かりとして作成されました。これは、小学校へと移行する５歳児の終わり頃に見られる姿が想定されています。

幼児期の終わりまでに育ってほしい姿（10の姿）

(1)　健康な心と体
　幼稚園生活の中で、充実感をもって自分のやりたいことに向かって心と体を十分に働かせ、見通しをもって行動し、自ら健康で安全な生活をつくり出すようになる。
(2)　自立心
　身近な環境に主体的に関わり様々な活動を楽しむ中で、しなければならないことを自覚し、自分の力で行うために考えたり、工夫したりしながら、諦めずにやり遂げることで達成感を味わい、自信をもって行動するようになる。
(3)　協同性
　友達と関わる中で、互いの思いや考えなどを共有し、共通の目的の実現に向けて、考えたり、工夫したり、協力したりし、充実感をもってやり遂げるようになる。
(4)　道徳性・規範意識の芽生え
　友達と様々な体験を重ねる中で、してよいことや悪いことが分かり、自分の行動を振り返ったり、友達の気持ちに共感したりし、相手の立場に立って行動するようになる。また、きまりを守る必要性が分かり、自分の気持ちを調整し、友達と折り合いを付けながら、きまりをつくったり、守ったりするようになる。
(5)　社会生活との関わり
　家族を大切にしようとする気持ちをもつとともに、地域の身近な人と触れ合う中で、人との様々な関わり方に気付き、相手の気持ちを考えて関わり、自分が役に立つ喜びを感じ、地域に親しみをもつようになる。また、幼稚園内外の様々な環境に関わる中で、遊びや生活に必要な情報を取り入れ、情報に基づき判断したり、情報を伝え合ったり、活用したりするなど、情報を役立てながら活動するようになるとともに、公共の施設を大切に利用するなどして、社会とのつながりなどを意識するようになる。
(6)　思考力の芽生え
　身近な事象に積極的に関わる中で、物の性質や仕組みなどを感じ取ったり、気付いたりし、考えたり、予想したり、工夫したりするなど、多様な関わりを楽しむようになる。また、友達の様々な考えに触れる中で、自分と異なる考えがあることに気付き、自ら判断したり、考え直したりするなど、新しい考えを生み出す喜びを味わいながら、自分の考えをよりよいものにするようになる。
(7)　自然との関わり・生命尊重
　自然に触れて感動する体験を通して、自然の変化などを感じ取り、好奇心や探究心をもって考え言葉などで表現しながら、身近な事象への関心が高まるとともに、自然への愛情や畏敬の念をもつようになる。また、身近な動植物に心を動かされる中で、生命の不思議さや尊さに気付き、身近な動植物への接し方を考え、命あるものとしていたわり、大切にする気持ちをもって関わるようになる。

11

⑻　数量や図形、標識や文字などへの関心・感覚
　　遊びや生活の中で、数量や図形、標識や文字などに親しむ体験を重ねたり、標識や文字の役割に気付いたり、自らの必要感に基づきこれらを活用し、興味や関心、感覚をもつようになる。
⑼　言葉による伝え合い
　　先生や友達と心を通わせる中で、絵本や物語などに親しみながら、豊かな言葉や表現を身に付け、経験したことや考えたことなどを言葉で伝えたり、相手の話を注意して聞いたりし、言葉による伝え合いを楽しむようになる。
⑽　豊かな感性と表現
　　心を動かす出来事などに触れ感性を働かせる中で、様々な素材の特徴や表現の仕方などに気付き、感じたことや考えたことを自分で表現したり、友達同士で表現する過程を楽しんだりし、表現する喜びを味わい、意欲をもつようになる。

（文部科学省（2017）「幼稚園教育要領」、pp.4-5より抜粋）

　この10の姿は、子どもの育ちを見るための評価の手立てとなる他、子どもの学びの連続性を支える土台となり、小学校教育の各教科へと引き継がれます（詳細は第2節）。現在では、保育者が子どもの理解を深めるために記述する保育記録やエピソード記録において、子どもが遊ぶ中で何を学び得ているか、何が身に付いたかについて、この10の姿をもとに活動への意味付けをしている園もあります。以下のM幼稚園のエピソード記録の事例を見てみましょう。

【事例】M幼稚園におけるエピソード記録〜保育者の考察・学びの要素〜

園児：5歳児（A児、S児、F児、E児、O児）　写真撮影：2018/5/25

　4月後半から、大きな段ボールをおうちに見立てて遊ぶ3、4人の幼児の姿が見られた。段ボールの家を出してきては、その中で、お化け屋敷ごっこやままごとをして遊んでいた。しかし、段ボールの強度が弱く、壁が倒れそうになり、積み木で押さえることを繰り返す姿がみられた。そのため、保育者が「もっと強いおうちがいるね」と声をかけ、どうすればよいか話し合った。皆で話し合う中で、A児が「牛乳パックは？」と発言。皆もその言葉に同意し、5月下旬まで牛乳パック集めが始まった。毎日、誰かが園に牛乳パックを持ってきた。A児、S児、F児、E児、O児は、セロテープやガムテープを使って、柱や壁を作る。1日だけでは終わらず、2日目には、A児が「ここの続きしよう」とS児、F児を誘い、おうちづくりが始まった。A児は、S児に対し「ここ、持っててな」というと、S児は「わかった」と返答。F児は、これまでに牛乳パックをくっつけた場所を点検しながら、「とれそうやから、テープもっとはろう」といって修理をしている。牛乳パックの柱を高く積み上げていくと、途中でフラフラとなり、倒れそうになった時もあったが、皆で倒れないように支え、A児は「先生、ここも付けてみるから高くして」と助けを求めてきた。完成した時には、おうちに入って皆で喜び合い、家の中で御馳走を作って遊ぶ姿が見られた。

第1章　就学前教育から小学校教育へ

	考察・学びの要素
(2) 自立心	段ボールをおうちとして見立てて遊ぶ中で、何度もおうちが壊れそうになった。おうちの材料として、「牛乳パックは？」とA児が発言したことに子ども達が同意。保育者は保護者に「牛乳パックを持参してください」とお願いしていなかったが、次の日に、子ども達自身が牛乳パックを持参して登園してきた。自分たちに何が必要かを考えて行動できる力が見られた瞬間であった。
(3) 協同性	牛乳パックを高く積み上げる際、牛乳パックがフラフラとなる場面が見られた。その様子に気付いたC児は、友達から何も言われなくても、すぐに手を差し伸べ、柱を支える様子が見られた。共通の目的を持って取り組む楽しさを理解し、また、友達を助けようとする気持ちを見ることができた。
(6) 思考力の 芽生え	「ここを入口にしよう」や「ここは窓にしよう」と家の具体的な間取りについて話し合っている様子があった。窓を作る際、窓の空間を広くとったので、壁や柱が倒れそうになる場面も見られた。そのまま倒してしまうのではなく、どうすれば倒れない家を創ることができるのかを考えており、家づくりは、試行錯誤を生み出すことのできる良い教材だと改めて思った。
(8) 数量や図形 への関心	牛乳パックで柱を作っていた際、「5個つないだら、もっと高くなるよ」や「四角の形になった」という発言があった。発言の中に数や形について言うことで、他者により具体的に自分の思いを伝えられるようになったと思う。

　こうした保育記録を小学校教師と共有することで、子ども理解を中心とした教育実践に役立てることができるといえ、就学前教育と小学校教育との接続が一層強化されることにつながるでしょう。

3．領域「環境」のねらいと内容

1）就学前教育にて育む「心情・意欲・態度」

　　　　　　　　　　　　　　～5つの領域から、子どもの育ちを保障する～

　就学前施設である幼稚園や保育所では、生きる力の土台となる「心情・意欲・態度」を育むことを目標として教育活動を展開しています。心情とは「見てみたいな」、「さわってみたいな」という興味関心や「楽しいな」、「うれしいな」といった気持ちのことです。意欲とは、実際に見たり、聞いたり、触ったりといった直接的・具体的な体験から、子どもが「もう一度、やってみたいな」と思うことです。心情や意欲は、子どもの内面に培われ、その心情や意欲の積み重なりが態度を作り上げていくといえるでしょう。

　幼稚園教育要領や保育所保育指針では、この「心情・意欲・態度」を育むために、次の5つの領域を編成しています。

　　　　健　　　康……心身の健康に関する領域

　　　　人間関係……人とのかかわりに関する領域

　　　　環　　　境……身近な環境とのかかわりに関する領域

　　　　言　　　葉……ことばの獲得に関する領域

　　　　表　　　現……感性と表現に関する領域

　これらの5つの領域には、それぞれに「ねらい」と「内容」、そして「内容の取扱い」が設定されています。「ねらい」とは、子どもが生活全体を通してさまざまな体験を積み重ねる中で、生きる力の基礎である「心情・意欲・態度」を育むための目標であり、「内容」とは、「ねらい」を達成するために保育者が指導し、子どもが身に付けていくことが望まれるものです。この5つの領域は、小学校での教科授業のように独立したものではないため、それぞれを相互に関連させながら総合的に指導をする必要があります。たとえば、「七夕の歌に親しむ」という保育を設定したとします。音楽に親しむという点においては、「表現」の領域になりますが、「ささのはさらさら～」と歌詞に親しむという点で

は、「言葉」の領域にもなります。そのため、一つの活動を通して５つの領域が相互に関連し合うということを意識しながら保育を行う必要があります。

次項では、幼稚園教育要領（2017）・保育所保育指針（2017）の領域「環境」を取り上げ、どのような「ねらい」と「内容」、「内容の取扱い」が設定されているか確認しておきましょう。

2）領域「環境」のねらいと内容

領域「環境」は、「周囲の様々な環境に好奇心や探究心をもってかかわり、それらを生活に取り入れていこうとする力を養う」ことを掲げています。

この領域「環境」では、次の３つのねらいと12項目の内容が取り上げられています。

【ねらい】
(1)身近な環境に親しみ、自然と触れ合う中で様々な事象に興味や関心をもつ。
(2)身近な環境に自分からかかわり、発見を楽しんだり、考えたりし、それを生活に取り入れようとする。
(3)身近な事象を見たり、考えたり、扱ったりする中で、物の性質や数量、文字などに対する感覚を豊かにする。

【内容】
(1)自然に触れて生活し、その大きさ、美しさ、不思議さなどに気付く。
(2)生活の中で、様々な物に触れ、その性質や仕組みに興味や関心をもつ。
(3)季節により自然や人間の生活に変化のあることに気付く。
(4)自然などの身近な事象に関心をもち、取り入れて遊ぶ。
(5)身近な動植物に親しみをもって接し、生命の尊さに気付き、いたわったり、大切にしたりする。
(6)日常生活の中で、我が国や地域社会における様々な文化や伝統に親しむ。
(7)身近な物を大切にする。
(8)身近な物や遊具に興味をもって関わり、自分なりに比べたり、関連付けたりしながら考えたり、試したりして工夫して遊ぶ。
(9)日常生活の中で数量や図形などに関心をもつ。
(10)日常生活の中で簡単な標識や文字などに関心をもつ。
(11)生活に関係の深い情報や施設などに興味や関心をもつ。
(12)幼稚園内外の行事において国旗に親しむ。
　　　（下線部は、幼稚園教育要領（2017）が改訂された際に付け加えられた部分です。）

たとえば、ねらいの「(1)身近な環境に親しみ、自然と触れ合う中で様々な事象に興味や関心をもつ」という目標を掲げて保育を行う場合、目標を達成する

ための内容としては、「(1)自然に触れて生活し、その大きさ、美しさ、不思議さなどに気付く」、「(4)自然などの身近な事象に関心をもち、取り入れて遊ぶ」といった項目が対応していることがわかります。その他にもねらいの「(3)身近な事象を見たり、考えたり、扱ったりする中で、物の性質や数量、文字などに対する感覚を豊かにする」では、「(2)生活の中で、様々な物に触れ、その性質や仕組みに興味や関心をもつ」、「(8)身近な物や遊具に興味をもってかかわり、自分なりに比べたり、関連付けたりしながら考えたり、試したりして工夫して遊ぶ」、「(9)日常生活の中で数量や図形などに関心をもつ」、「(10)日常生活の中で簡単な標識や文字などに関心をもつ」という内容が対応していることがわかるでしょう。つまり、これらの「内容」を保育者が指導することで、子どもが身に付けていくことが望まれる「ねらい」を目指すことができるという構造になっています。

3）内容の取扱い

　子どもへの指導内容を充実させるためには、「内容の取扱い」をよく理解しておく必要があります。「内容の取扱い」とは、内容をより理解するための留意事項のことです。ここでは、幼稚園教育要領（2017）の「内容の取扱い」を取り上げます。

【内容の取扱い】
(1)幼児が、遊びの中で周囲の環境と関わり、次第に周囲の世界に好奇心を抱き、その意味や操作の仕方に関心をもち、物事の法則性に気付き、自分なりに考えることができるようになる過程を大切にすること。また、他の幼児の考えなどに触れて新しい考えを生み出す喜びや楽しさを味わい、<u>自分の考えをよりよいものにしようと</u>する気持ちが育つようにすること。
(2)幼児期において自然のもつ意味は大きく、自然の大きさ、美しさ、不思議さなどに直接触れる体験を通して、幼児の心が安らぎ、豊かな感情、好奇心、思考力、表現力の基礎が培われることを踏まえ、幼児が自然との関わりを深めることができるよう工夫すること。
(3)身近な事象や動植物に対する感動を伝え合い、共感し合うことなどを通して自分から関わろうとする意欲を育てるとともに、様々な関わり方を通してそれらに対する親しみや畏敬の念、生命を大切にする気持ち、公共心、探究心などが養われるようにすること。
(4)<u>文化や伝統に親しむ際には、正月や節句など我が国の伝統的な行事、国歌、唱歌、わらべうたや我が国の伝統的な遊びに親しんだり、異なる文化に触れる活動に親しんだりす</u>

第1章　就学前教育から小学校教育へ

> ることを通じて、社会とのつながりの意識や国際理解の意識の芽生えなどが養われるようにすること。
> (5)数量や文字などに関しては、日常生活の中で幼児自身の必要感に基づく体験を大切にし、数量や文字などに関する興味や関心、感覚が養われるようにすること。
> 　　　（下線部は、幼稚園教育要領（2017）が改訂された際に付け加えられた部分です。）

　領域「環境」のねらい、内容、内容の取扱いを見ると、身近な環境の中で、自然とのかかわりを深めること、生活の中で身近な物や遊具にかかわって工夫して遊ぶこと、数量や文字に対する興味関心を養うこと、文化や伝統に親しみ、社会とのつながりの意識を養うこと（2017年新設）が重視されています。それらを通して「周囲の様々な環境に好奇心や探究心をもってかかわり、それらを生活に取り入れていこうとする力を養う」ことを実現することが求められています。

4）領域「環境」から、小学校教育「生活科」へ

　さて、領域「環境」で取り上げてきたことは、小学校教育の「生活科」と密接な関係を持っています。生活科は、1989年の小学校学習指導要領にて小学校１、２年生に新設されたもので、具体的な活動や体験を通して、身近な生活に関わる見方・考え方を生かし、自立し生活を豊かにしていくための資質・能力の育成を目指す教科です。生活科には、資質・能力の三つの柱に関する目標とともに、各学年の三つの目標、9項目の内容が設定されています。

表1-3　小学校教育「生活科」

> 【目標】
> 　具体的な活動や体験を通して、身近な生活に関わる見方・考え方を生かし、自立し生活を豊かにしていくための資質・能力を次のとおり育成することを目指す。
> ◆「知識及び技能の基礎」に関する目標
> (1)活動や体験の過程において、自分自身、身近な人々、社会及び自然の特徴やよさ、それらの関わり等に気付くとともに、生活上必要な習慣や技能を身に付けるようにする。
> ◆「思考力・表現力・判断力等の基礎」に関する目標
> (2)身近な人々、社会及び自然を自分との関わりで捉え、自分自身や自分の生活について考え、表現することができるようにする。
> ◆「学びに向かう力、人間性等」に関する目標
> (3)身近な人々、社会及び自然に自ら働きかけ、意欲や自信をもって学んだり生活を豊かにしたりしようとする態度を養う。

【各学年の目標（第1学年及び第2学年）】
(1)学校、家庭及び地域の生活に関わることを通して、自分と身近な人々、社会及び自然との関わりについて考えることができ、それらのよさやすばらしさ、自分との関わりに気付き、地域に愛着をもち自然を大切にしたり、集団や社会の一員として安全で適切な行動をしたりするようにする。
(2)身近な人々、社会及び自然と触れ合ったり関わったりすることを通して、それらを工夫したり楽しんだりすることができ、活動のよさや大切さに気付き、自分たちの遊びや生活をよりよくするようにする。
(3)自分自身を見つめることを通して、自分の生活や成長、身近な人々の支えについて考えることができ、自分のよさや可能性に気付き、意欲と自信をもって生活するようにする。

【内容】
◆学校、家庭及び地域の生活に関する内容
(1)学校生活に関わる活動を通して、学校の施設の様子や学校生活を支えている人々や友達、通学路の様子やその安全を守っている人々などについて考えることができ、学校での生活は様々な人や施設と関わっていることが分かり、楽しく安心して遊びや生活をしたり、安全な登下校をしたり<u>しようとする</u>。
(2)家庭生活に関わる活動を通して、家庭における家族のことや自分でできることなどについて考えることができ、家庭での生活は互いに支え合っていることが分かり、自分の役割を積極的に果たしたり、規則正しく健康に気を付けて生活したり<u>しようとする</u>。
(3)地域に関わる活動を通して、地域の場所やそこで生活したり働いたりしている人々について考えることができ、自分たちの生活は様々な人や場所と関わっていることが分かり、それらに親しみや愛着をもち、適切に接したり安全に生活したり<u>しようとする</u>。
◆身近な人々、社会及び自然と関わる活動に関する内容
(4)公共物や公共施設を利用する活動を通して、それらのよさを感じたり働きを捉えたりすることができ、身の回りにはみんなで使うものがあることやそれらを支えている人々がいることなどが分かるとともに、それらを大切にし、安全に気を付けて正しく利用<u>しようとする</u>。
(5)身近な自然を観察したり、季節や地域の行事に関わったりするなどの活動を通して、それらの違いや特徴を見付けることができ、自然の様子や四季の変化、季節によって生活の様子が変わることに気付くとともに、それらを取り入れ自分の生活を楽しく<u>しようとする</u>。
(6)身近な自然を利用したり、身近にある物を使ったりするなどして遊ぶ活動を通して、遊びや遊びに使う物を工夫してつくることができ、その面白さや自然の不思議さに気付くとともに、みんなと楽しみながら遊びを創り<u>出そうとする</u>。
(7)動物を飼ったり植物を育てたりする活動を通して、それらの育つ場所、変化や成長の様子に関心をもって働きかけることができ、それらは生命をもっていることや成長していることに気付くとともに、生き物への親しみをもち、大切に<u>しようとする</u>。
(8)自分たちの生活や地域の出来事を身近な人々と伝え合う活動を通して、相手のことを想像したり伝えたいことや伝え方を選んだりすることができ、身近な人々と関わることのよさや楽しさが分かるとともに、進んで触れ合い交流<u>しようとする</u>。
◆自分自身の生活や成長に関する内容
(9)自分自身の生活や成長を振り返る活動を通して、自分のことや支えてくれた人々について考えることができ、自分が大きくなったこと、自分でできるようになったこと、役割が増えたことなどが分かるとともに、これまでの生活や成長を支えてくれた人々に感謝の気持ちをもち、これからの成長への願いをもって、意欲的に生活<u>しようとする</u>。
　　　　（文部科学省（2017）「小学校学習指導要領生活」より抜粋、下線部は筆者による）

第1章　就学前教育から小学校教育へ

　生活科の内容をみると、領域「環境」との共通点に気付くと思います。具体的に内容の共通点を取り上げると、領域「環境」の「(3)季節により自然や人間の生活に変化のあることに気付く」「(4)自然などの身近な事象に関心をもち、取り入れて遊ぶ」は、生活科の「(5)身近な自然を観察したり、季節や地域の行事に関わったりするなどの活動を通して、それらの違いや特徴を見付けることができ、自然の様子や四季の変化、季節によって生活の様子が変わることに気付くとともに、それらを取り入れ自分の生活を楽しくしようとする」につながっていることがわかります。他にも、領域「環境」の「(1)自然に触れて生活し、その大きさ、美しさ、不思議さなどに気付く」や「(8)身近な物や遊具に興味をもってかかわり、考えたり、試したりして工夫して遊ぶ」は、生活科の「(6)身近な自然を利用したり、身近にある物を使ったりするなどして遊ぶ活動を通して、遊びや遊びに使う物を工夫してつくることができ、その面白さや自然の不思議さに気付くとともに、みんなと楽しみながら遊びを創り出そうとする」につながります。

　このように、領域「環境」と生活科の関係を知ると、就学前教育と小学校教育の連続性を知ることができ、直接的・具体的な体験活動を重視した就学前教育の価値が、小学校教育へと引き継がれていることがわかるでしょう。また、生活科の内容への理解を深めるために、資質・能力の三つの柱を含んだ全体構成を次のページに掲載しましたので確認をしておきましょう。

19

表1-4　生活科の内容の全体構成

階層	内容	学習対象・学習活動等	思考力、判断力、表現力等の基礎	知識及び技能の基礎	学びに向かう力、人間性等
学校、家庭及び地域の生活に関する内容	(1)	・学校生活に関わる活動を行う	・学校の施設の様子や学校生活を支えている人々や友達、通学路の様子やその安全を守っている人々などについて考える	・学校での生活は様々な人や施設と関わっていることが分かる	・楽しく安心して遊びや生活をしたり、安全な登下校をしたりしようとする
	(2)	・家庭生活に関わる活動を行う	・家庭における家族のことや自分でできることなどについて考える	・家庭での生活は互いに支え合っていることが分かる	・自分の役割を積極的に果たしたり、規則正しく健康に気を付けて生活したりしようとする
	(3)	・地域に関わる活動を行う	・地域の場所やそこで生活したり働いたりしている人々について考える	・自分たちの生活は様々な人や場所と関わっていることがわかる	・それらに親しみや愛着をもち、適切に接したり安全に生活したりしようとする
身近な人々、社会及び自然と関わる活動に関する内容	(4)	・公共物や公共施設を利用する活動を行う	・それらのよさを感じたり働きを捉えたりする	・身の回りにはみんなで使うものがあることやそれらを支えている人々がいることなどが分かる	・それらを大切にし、安全に気を付けて正しく利用しようとする
	(5)	・身近な自然を観察したり、季節や地域の行事に関わったりするなどの活動を行う	・それらの違いや特徴を見付ける	・自然の様子や四季の変化、季節によって生活の様子が変わることに気付く	・それらを取り入れ自分の生活を楽しくしようとする
	(6)	・身近な自然を利用したり、身近にある物を使ったりするなどして遊ぶ活動を行う	・遊びや遊びに使う物を工夫してつくる	・その面白さや自然の不思議さに気付く	・みんなと楽しみながら遊びを創り出そうとする
	(7)	・動物を飼ったり植物を育てたりする活動を行う	・それらの育つ場所、変化や成長の様子に関心をもって働きかける	・それらは生命をもっていることや成長していることに気付く	・生き物への親しみをもち、大切にしようとする
	(8)	・自分たちの生活や地域の出来事を身近な人々と伝え合う活動を行う	・相手のことを想像したり伝えたいことや伝え方を選んだりする	・身近な人々と関わることのよさや楽しさが分かる	・進んで触れ合い交流しようとする
自分自身の生活や成長に関する内容	(9)	・自分自身の生活や成長を振り返る活動を行う	・自分のことや支えてくれた人々について考える	・自分が大きくなったこと、自分でできるようになったこと、役割が増えたことなどが分かる	・これまでの生活や成長を支えてくれた人々に感謝の気持ちをもち、これからの成長への願いをもって、意欲的に生活しようとする

［出典：文部科学省「小学校学習指導要領解説生活編」（2018）、p.28］

第2節　幼稚園・保育所と小学校との連携を踏まえた教育

1．大きく変わる幼児の生活

　小学校への入学とは、子どもが、幼児と呼ばれる時代から児童と呼ばれる時代に入ることであり、これを境に子どもの生活には大きな変化が訪れます。またこれは、子どもがひとり立ちに向かう自分自身の成長を、確かに実感できる節目でもあります。さらに、その保護者にとっても、新たな一歩を踏みだす時であるともいえます。

　しかし、1年生の4月に小学校へ通学を始めたからといって、幼児が突然に児童になるわけではありません。子どもは、連続した時間の中で生活を続けているのですから。幼児は一人ひとりその過程は違っていますが、就学前までの幼稚園や保育所で培った経験を通して蓄えた力を核にして成長しています。さらに、幼児は厝囲の環境から得られる気付きを組み立てることによって、入学までの心構えを、自分の中で徐々に育てているのです。さらに幼稚園や保育所でも、小学校入学を意識した保育がなされていることはいうまでもありません。

　　　誰でも最初は1年生　　　どきどきするけどどんといけ
　　　ドキドキドン1年生　　　桜が咲いたら　1年生
　　　一人でついていけるかな　隣に座る子いい子かな　　友だちになれるかな

　保育所や幼稚園の子どもが最近歌っている1年生になる前の歌です。昔は「友だち100人できるかな…」という明るい調子の歌が好まれていたようですが、最近は短調の少し不安感の漂うこの歌が、好んで歌われるようです。登場する歌の変化は、社会や人間関係が複雑になり、子どもや保護者の心境が変わってきたことを表しています。

2．幼稚園・保育所と小学校との違い

1）子どもの空間認識

　小学校1年生にとって、学校や運動場という空間は、大人が想像するよりずっと広く感じられており、小学校のスペースを自分の行動範囲にしていくにはかなりの時間がかかります。入学直後に生活科の学習で「学校たんけん」というカリキュラムが組まれますが、この学習を通してやっと学校全体の大まかな姿をつかむのです。

　さらに大きな変化は、徒歩による一人の登下校の始まりです。保育所や幼稚園では、送迎バスを利用していたり、保護者と一緒に登園したりなど、大人の保護の元に登下校は行われていました。しかし、入学後は近所の上級生について登校し、一人で下校しなければいけません。小さいころから住み慣れた地域であっても、入学前は大人の後をついて移動していただけですので、子どもの「認知地図」は、それほど育っていません。入学後の登校経路の認知作りは、生活科の安全教育の充実のための大切な単元になっています。

2）生活の枠としての時間

　入学前の子どものほとんどは、保育所や幼稚園での生活を経験していますので、登園や朝の会、集団行動、昼寝などの時間の感覚をもっています。しかし多くは、「お片付けしましょう」「お昼寝しましょう」という先生の声掛けに反応した行動です。自らが時間の見通しを持って生活をしているとはいいがたいのが現実です。幼稚園では、おかえり時間前に作業などが終わらない場合でも、せかされることはあっても、先生から叱られることはないでしょう。

　一方、小学校の生活は、決められた時間で管理されています。定められた時間に教室に戻らなければ、先生に注意されて叱られます。チャイムの合図で、教室での行動が区切られ、合図があれば速やかに準備して動かなければならないことが多くなります。幼児が、45分間という時間の長さと、区切りを理解し、それに適応できるようになるには1月以上の時間がかかります。

　さらに45分という時間は、入学後間もない子どもにとって、ずっと集中する

には長すぎる時間であると思います。幼児が一つのことに集中できる時間はせいぜい15分程度と言われています。筆者がかつて担任した1年生にも、授業中の長い集中に疲れ果てて、机にうつ伏して昼寝をしてしまう子どもがいました。参観日の緊張時間に耐えられず、多くの親の前で突然泣き出してしまったりする子どももいました。

　しかし幼稚園児でも、子ども自身が、興味を持って自ら積極的に取り組むような活動なら、長時間集中する姿もみられます。小学校の指導者は、この子どもの興味や関心、好奇心を湧き起こすような指導方法を工夫することが求められています。

3）新しい経験としての勉強
　学校の勉強とは、読み書きと計算に代表される国語科と算数科だと考えている保護者は少なくありません。保護者は、「うちの子は、国語や算数はきちんと理解できていますか」と心配しますが、音楽科や図画工作科にはあまり関心がありません。子どもの持っている勉強のイメージも、このような大人の影響を受けており、国語科や算数科こそが小学校の勉強だととらえられていることが多いです。ここからしばらく、読み書きや計算に代表される小学校からの学びについて考えてみましょう。

　保育所や幼稚園でも、新しい経験を通して、多くのことを子どもは学んできたはずです。その中には竹馬や縄跳びのように、かなりの努力を要するものもありました。そこでは、子どもはまだできない自分のことを気にすることはありましたが、他者からできないことを直接評価される経験はありません。友だちの真似をしながら、繰り返し参加するうちに、だんだんと全員ができるようになるという学び方をしていたからです。つまり、すべての遊びの過程で、子どもは自分を取り巻く環境とのかかわりの中で、意欲的に学びあってきました。

　しかし、小学校の教科学習では、分からない状態から、少しずつ努力してわかるようになる学びの過程を、勉強の中に位置付けなければなりません。幼稚

園や保育所のように一緒に行動するうちに、知らず知らずにだんだんと身につくという段階を超えて、より自覚的な学びが必要となります。今までは無自覚に話していた、なにげない言葉に注意を向けて使用することや、聞き手を意識して話すことが求められます。なんとなく遊びの中で数えていた数字に、数の概念が導入されるなどの変化も起きてきます。

３．１年生の学びとは

１）学習の自立にむけて

　小学校の勉強とは、多様な活動や具体的な体験を通して学ぶことにより、具体から抽象へと思考を変化させる過程であるといえます。人間は生まれた時には無力な存在ですが、両親をはじめ大人に徹底的に支えられた依存の状態から自立へ向かっての道を進んでいくのです。これが人間としての成長であり、その大きな節目が小学校入学であり、その後の自立への歩みこそが教育の狙いといえます。

　また小学校と違い、幼稚園や保育所では生活全体を通してのすべての環境が潜在的な教材でした。積み木や絵本や砂場などは、教材らしいといえるものです。園庭の木を登り、ドングリを拾い遊んだりすることもあります。雨が降ったり雪が積もったりすれば、それで遊ぶこともあります。つまり、遊びの中で友達との人間関係や言葉を工夫しながら、共同性を学んでいきます。しかし、小学校では教科書という主要な教材に加えて、子どものノートや資料、教師が黒板等に提示することにより学ぶことが多いです。この違いを理解することが「環境を通して行う教育」を実践することであり、幼児教育における「見方・考え方」を生かす教育になります。

　学習の自立の基礎基本は読み書き算の力にあります。これは、記号としての文字や数字を正しく身につけ、それを正しく使いこなす能力です。すべての学習は、この能力を手段として展開され、記号としての言葉や数がもつ意味概念を仲立ちとして、まとまりのある系統的・体系的な知識を身につけていきます。小学校で獲得する言葉の力は、幼児期の言葉の単なる延長上にあるのでは

第1章　就学前教育から小学校教育へ

ありません。また、書き言葉の登場も、小学校の大きな特徴です。

2）言語化する経験を積み重ねる

　就学前の友達との遊びでは、即応的な話し言葉で通用しましたが、小学校では言葉だけで誰にでも分かるように意図的に話すことが必要とされます。自分のイメージや感情、思いや考えを正しく順序だてて表現したり、文字や言葉の行間から意味を読み取るなどの思考と結びついた言語活動が、学習として日常的に行われます。この文字との出会いは、子どもに大変な緊張感と精神力を要求することとなります。

　しかし、この時期の子どもは、文字に強い知的好奇心を示し、その習得や成就感に大きな誇りを持ち、意欲的に取り組むことができます。「先生、本が読めるようになった」「漢字の意味が分かった」と、うれしそうに駆け寄ってきます。また、直感的・イメージ的な記憶力が発展し、具体的な状況や場面と関わった言葉を驚異的な速さと確かさで身につけていきます。この時期だからこそ、こうした力を元にして、具体的な活動や体験の場を豊かに与え、外的な刺激から来る意味を言語的に転換する経験を、計画的に積み重ねることが大切です。

４．就学前教育と小学校教育との連携

　ここまで、小学校からの学びについて考えてきました。ここからは、保育所や幼稚園での学び方を、どうすればスムーズに小学校からの学びにつなげるのかを考えてみましょう。

　2008年度の小学校学習指導要領改訂では、生活科を通して、活動や体験を一層重視し気づきの質を高めることや、幼児期の教育との連携を図ることが求められました。今回は、さらに、生活科の改訂の趣旨において、以下の点を重視するよう求められています。（下線部分は、筆者が引きました）

25

- 活動や体験を通して、<u>低学年らしい思考や認識を育成すること</u>。
- <u>幼児期に育成された資質能力を存分に発揮し</u>、各教科等で期待される資質・能力を育成し、低学年教育と滑らかに連続し発展させること。そのために、<u>幼児期及び小学校低学年で育成する資質・能力とのつながりを明らかにすること</u>。
- 幼児期とのつながりを意識したスタートカリキュラムは、<u>生活科だけでなく教育課程全体の取り組みを対象とすること。国語や音楽やその他の科目との関連も含めて</u>、学校全体で取り組むこと。
- 低学年だけの連続を意識するのでなく、<u>中学年の社会科や理科や総合的な学習との接続も視野に入れて</u>、将来に渡り育成したい資質・能力を検討すること。

1）幼児期の終わりまでに育ってほしい姿は、小学校でどのように発展するか

　「幼児期の終わりまでに育ってほしい姿（10の姿）」とは、5歳児の終わり頃にみられる姿であり、5領域のねらい及び内容を達成することで実現されます。ここでは、子ども達の主体性や試行錯誤による学びの方向性が示されています。

幼児期の終わりまでに育ってほしい姿（10の姿）

①健康な心と身体、②自立心、③共同性、④道徳性・規範意識の芽生え、⑤社会生活との関わり、⑥思考力の芽生え、⑦自然との関わり・生命尊重、⑧数量・図形、文字等への関心、感覚、⑨言葉による伝え合い、⑩豊かな感性と表現

　幼児期の終わりまでに育ってほしい姿（10の姿）が、小学校の生活科と国語科を中心とした各教科へどのようにつながるかについて、以下に具体的な10の姿と関連付けて示します。

2）生きる力を育てる「生活科」
①低学年の発達の特性を重視し、具体的な体験や活動を通しての学び

　幼児期から1、2年にかけての子どもは未分化であって、思考は具体的な活動と一体となって発達する時期です。この特性から学習の中に遊びの意義を取り入れて、就学前教育との連続性を重視して、<u>環境としての自然や社会に遊びを通して積極的に働きかけ（⑤⑦）、「なぜ」を解決しながら（⑥）</u>、自立の基礎を養う教科が生活科だといえます。

第1章　就学前教育から小学校教育へ

　従来の日本の公教育を支えてきた教育観では、常に遊びは学びの対極にある
ものとして考えられ、両者の統合を図るという試みは少なかったといえます。
しかし近年、子どもの遊びは、自立に向かっての未知への挑戦であるという考
え方が、幼児教育の枠に閉じ込めるのでなく、小学校教育にも導入されたので
す。

②学習対象は身近な人々・社会及び自然や自分自身の生活

　核家族化、都市化による家庭や地域の教育力の低下、直接体験の不足、友だ
ち遊びの減少など、子どもの生活実態が提起する問題は、社会性の未成熟、生
活習慣の乱れ、生活上必要な技能の低下、勉強への意欲の低下、いじめ、学校
嫌いなどと憂慮する事態を引き起こしています。こうした問題意識に立って、
「生活科」で育てたい資質・能力は、次のとおり定められています。

> 1．活動や体験の過程において、<u>自分自身、身近な人々、社会及び自然の特徴やよさ、それらの関わり等に気づく（⑤⑥⑦）</u>とともに、<u>生活上必要な習慣や技能（④⑤⑧⑨）</u>を身に付けるようにする。
> 2．<u>身近な人々、社会及び自然を自分との関わりで捉え（⑤⑥⑦）</u>、<u>自分自身や自分の生活について，表現（⑨⑩）</u>できるようにする。
> 3．<u>身近な人々、社会及び自然に自ら働きかけ（②）</u>、<u>意欲や自信をもって学んだり生活を豊かにしたりしようとする態度を養う（③④）</u>。

③興味関心を引き出し、生活に問いを持たせる

　生活科では、自ら知的好奇心を発動できるような、環境構成が工夫されま
す。日常の生活事象の中で<u>教師や友達と対話を重ね（⑨）</u>、絶えず「なぜ」「ど
うして」という<u>疑問を喚起（⑥）</u>するのです。生活科は遊びを重視しますが、
単なるはしゃぎの活発さを求めてはいません。興味や関心をさらに探究し、最
後は<u>自分自身の日常生活に関連した「なぜ」（②⑥）</u>に結び付けていきます。

3）土台となる「国語科」

　小学校1年生の国語科では、<u>言葉を育てる思考力（⑥）</u>として順序性を最も
大切に指導します。「話す・聞く」活動では、経験した事柄の順序を考えて話

27

す能力、大切なことを落とさないように聞く能力、話し合おうとする積極的な態度（⑨）を育てます。この時期は、体験に基づく直感的なイメージの記憶を中心に、事柄の順序を理解し表現（⑩）をします。「書くこと」では順序を大切に語や文の続きを考え、表現を楽しむ態度（⑩）、「読むこと」では、簡単な読み物に興味を持ち（⑨）、想像を広げ（⑩）あらすじを読む能力を育てます。これらの国語の４領域の力は、生活科における「伝え合う活動」である内容の基盤となる能力です。

　今日の子どもは、体験に裏打ちされない言葉を使い、さらにテレビ等による一方的な言葉の受け手になっており、言語生活は貧しくなっています。結果として、先生や友達の話を正確に聞き取り応答する対話力が、不足しています。一方書きことばの習得では、就学前教育の多様さが原因となり、あいまいな知識を素直に正確なものだと思い込む子どもが多く、小学校でかきかたを正確に矯正するのが困難になっています。さらに使用する言葉の数も少なく、特に事実の現象や自分の状況を説明する形容詞が不足しており、作文では「うれしい」「面白い」「かわいそう」などの決まり文句が氾濫しています。

　これらの状況を克服するには就学前での、日常的な取り組みが必要です。入門期の文字の正しい習得は、単に国語の問題と捉えるのでなく、日本文化の原点の継承に関わっていることだと、教員が意識する必要があります。例えば書く能力を習得するには、鉛筆の正しい持ち方、背筋を伸ばした姿勢を一定の間継続する必要があります。これには就学前に体幹を整え（①）、指先の繊細な行動（①）を可能にしなければなりません。

　次に、絵本の読み聞かせです。積極的に読み物に親しむことは、選ばれた美しい言葉を状況に関連付けて耳から受け入れ（⑥）、語彙力を増やし（⑧）、文章への感性を磨き（⑩）、想像力を高め（⑩）、善悪の基本（④）を学ぶ営みです。信頼する教員の読み聞かせにより、子どもは成長します。

4）数の世界をひらく「算数科」

　幼稚園・保育所の領域「環境」は算数科とも、大きく関係します。算数科は

第1章　就学前教育から小学校教育へ

学習内容が最も系統的な教科で、階段を一段一段上るように段階的に構成されています。特に小学校1年生は、体系の基礎である数という記号や量という概念（⑧）に、本格的に出会う時期です。先述の国語科とともに、人間の本質である抽象的な能力の基盤（⑥）を育てる学習です。

　1年生でのつまずきは、子どもの生活的・体験的な概念と数学的な概念のギャップから起きます。例えば1＋1＝2という単純な数式は、一般化された表現です。しかし、子どもは、種類の全く違う木と花を足すなんて、できないと思い混乱をします。小学校入学前後の子どもは、具体的事物と数を結び付ける経験が乏しいのです。数概念の獲得が不十分なまま、数式の形式的な計算能力のみを先行すると、将来は数学嫌いの子どもを生み、学力低下へとつながります。

　そこで、就学前では環境を通して、数という記号の世界へ楽しいイメージで子どもを導きたいところです。日常生活の中で積み木、色板、木の実などの具体物を積極的に使い（②③）、数や形に結び付く対話を仲間と重ね（⑨）ながら、数に対する直観力を高めます。またおはじき遊びや双六ゲームなど楽しく切実感のある活動（②③）の中で、足す引くことの意味を実感させます。

5）みんなと揃う楽しさを体験する「音楽科」

　子どもは好きな曲に合わせて、体を動かして活動することが好きです。音楽への興味関心を育て、音楽を生活の中に生かす態度は育成することは、1年生時のねらいです。この時期の子どもは、自己の存在感を誇示したい欲求が出るので、合唱でむやみに大声を出したり、合奏で勝手な速度で演奏したりします。しかし、存在感を示したい自己実現要求は、学習意欲の原動力でもあります。

　5歳児ではこの欲求を大切にしながら（②）、みんなと揃える調和の美しさを感じ（③）させます。教員はイメージの鮮明な曲を中心に、範唱や範奏を通して美しさを感じさせ、美しい表現への憧れを涵養します。子どもに自分も美しい表現をしたい欲求を喚起させて、表現の工夫や調和の必要性への切実感

29

（⑩）を盛り上げます。

6）表現を楽しむ「図画工作科」

　1年生の図工では、自分の思いを大切に自由な造形や絵画表現を楽しむこと、さらに作品を友達と見せ合って、お互いの良さに気づくことが大切です。自由な表現活動で重要なのは、技能ではなく想像力（⑥⑩）です。幼稚園での毎日の多様な直接的体験、絵本による間接的体験（⑤⑦）は空想力の源です。そして、友達と作品を交流し楽しむ（⑨）ことにより、表現活動が豊かになります。

7）動きを楽しむ「体育科」

　1年生では運動遊びを通して、運動の基本的な動きに慣れ、仲良く健康安全に気を付けて運動する態度を培うことを狙いとしています。さらに、昨今は人生100年時代を迎え、生涯スポーツへの関心を高めることも狙いです。

　最近の1年生は体を動かして遊ぶことを喜ぶ子と、ほとんど動かない子とに分かれる傾向があります。早期のスポーツ教室への参加の影響もありますが、小学校は幼稚園・保育所と違い個々の遊びを通しての運動ではなく、一斉で行うので出来不出来がみんなの前で明確になります。そのため他者と比べて自信を失い、1年生でスポーツ嫌いになることがあります。

　幼稚園・保育所では、遊びの環境を工夫して自然と体を動かし（②）、楽しくできる共同的な運動遊び（③）をどんどん取り入れることが大切です。また、木登りや盛り土や草滑りなどの自然のものに触れる機会や場を多く設け（⑦）、多様な遊びの中で柔軟性やバランス力や統率力（①）など、特に体幹を鍛える運動遊び（①）を取り入れたいです。

　ここでは、「生活科」だけではなく各教科における「幼児期の終わりまでに育ってほしい姿（10の姿）」との関連も示しました。その理由として、小学校教育の視点から、就学前教育との教育内容のつながりを理解してほしいと考え

たからです。今後は、就学前教育と小学校教育との連携は、交流活動の実施に留まらず、その教育内容の接続がより一層求められることになるといえるでしょう。

引用・参考文献

第1節

OECD (2015), Skills for Social Progress: The Power of Social and Emotional Skills, *OECD Skills Studies, OECD Publishing.*

　http://dx.doi.org/10.1787/9789264226159-en（2019/1/21）

大村璋子編著（2009）『遊びの力』萌文社：pp.14-19、pp.45-46

厚生労働省（2017）『保育所保育指針〈平成29年告示〉』フレーベル館

厚生労働省（2018）『保育所保育指針解説』フレーベル館

ジェームズ・J・ヘックマン著、古草秀子翻訳（2015）『幼児教育の経済学』東洋経済新報社

田中亨胤（2009）「幼児期におけるふさわしい園生活展開のカリキュラム装置－ストラテジー・パラダイム－」『京都文教短期大学研究紀要』48：pp.65-70

中央教育審議会答申（1996）「21世紀を展望した我が国の教育の在り方について」文部科学省

　http://www.mext.go.jp/b_menu/shingi/old_chukyo/old_chukyo_index/toushin/attach/1309590.htm（2019/1/22）

中山芳一（2018）『学力テストで測れない非認知能力が子どもを伸ばす』東京書籍

文部省（1995）『一人一人に応じる指導（幼稚園教育指導資料）』フレーベル館

文部科学省（2014）「平成26年度全国体力・運動能力、運動習慣等調査報告書」

　http://www.mext.go.jp/component/a_menu/sports/detail/__icsFiles/afieldfile/2014/12/04/1353814_1.pdf（2019/1/22）

―　（2017）『幼稚園教育要領〈平成29年告示〉』フレーベル館

―　（2018）『幼稚園教育要領解説』フレーベル館

―　（2017）『小学校学習指導要領〈平成29年告示〉』東洋館出版社

―　（2018）『小学校学習指導要領解説生活編』東洋館出版社

文部科学省ホームページ「「生きる力」＝知・徳・体のバランスのとれた力」：

　http://www.mext.go.jp/a_menu/shotou/new-cs/idea/index.htm（2019/1/19）

第2節

文部科学省（2018）『小学校学習指導要領解説生活編』東洋館出版社

中野重人・谷川彰英・無藤隆編（1996）『生活科事典』東京書籍：pp.96-97、pp.128-
　129

高木和子（2000）『小学校1年生の心理』大日本図書

東京書籍（2012）『生活科実践キーワード－授業の前に知っておきたい15の言葉』：
　pp.28-33

第2章

子どもの理解を深めるために

第1節　子どもにとっての園生活とは

1．園生活の一日の流れ

　子どもにとっての園生活は、社会生活の入り口ともいえます。子ども達は、家庭という限られた場所での生活から園という集団生活の場所への移行によって、家庭教育では体験できない社会・文化・自然などに触れ、生活の幅を広げていきます。

　まず、下記の「幼稚園における園生活の一日の流れ（4歳児）」の事例を通して、園生活の一日の流れを把握しましょう。

表2－1　幼稚園における園生活の一日の流れ（4歳児）

時間	活動	子ども達の様子および先生の援助
8：30	登園	子どもたちは、先生や友達を見つけ、「おはよう」と言いながら靴箱まで走って行きます。先生は子どもたちを笑顔で迎え、表情から健康状態を視診し、気持ちよく一日がスタートできるように見守ります。 　子どもは出席簿を取り出し、日付を確認しながらシールを貼り、持ち物をロッカーに片付けると、友達と誘い合って園庭に出かけたり、保育室で遊んだりします。
9：00 〜 10：00	自由保育	園庭には、昨日からの遊びが続けられるように、先生によって環境が設定されています。たとえば、砂場にスコップやバケツ、型ぬき、プラスチックの小型、ショベルカー等を設置し、イス、テーブル等も設置しておきます。 　先生は、友達と誘い合って戸外で十分に体を動かして遊ぶ姿を認め、先生も子どもと一緒に遊ぶことの心地よさに共感するとともに、遊びの内容が充実するように工夫します。 　子どもは、自分なりに目的をもって遊びを展開したり、友達との言葉のやりとりを楽しみます。また、先生は、子ども達が園庭の花や野菜の生長に関心がもてるように声をかけながら、一緒に水やりもします。 　室内では、家族ごっこやレストラン屋さんなど、ごっこ遊びに夢中になっている姿が見られます。時には、思いがぶつかり合ってトラブルになることもありますが、そうした時、先生は双方の話をよく聞き、納得し合って遊びが続けられるように援助していきます。

10：00	朝の会	それぞれに遊んだ場所を片付けて、各保育室に集まります。先生は、欠席している友達のことや朝の遊びのことを話し合い、クラスの友達や取り組んでいる遊びに関心がもてるようにします。 　また、子どもは、季節に応じた歌や手遊び、絵本の読み聞かせを楽しみます。当番活動では、小鳥の世話や金魚のエサやり、花の水やりなどもします。
10：15 〜 11：30	一斉保育 （設定保育）	子ども達は、先生の話を聞いて、友達と一緒に楽しい活動に取り組みます。保育室での活動は、製作、ごっこ遊び、楽器遊び、リズム遊びなどがあり、園庭では、砂遊び、鬼遊び、集団遊び、ボールや縄を使っての遊び、固定遊具での遊びなどがあります。 　先生は、その日の活動の「ねらい」を設定して、一人一人の子どもの実態に合わせた活動を展開します。子ども達から「楽しかった、またしたい」という声が聞こえるような内容にすることが大切です。 　激しい運動でなければ、お弁当後の自由遊びの時間に続きができるように、環境を少し残しておくことも必要です。
12：00	昼食	子ども達が机やいすを運んで昼食の準備をします。当番は先生と一緒に机を拭きお茶を運ぶ仕事などをします。 　先生の合図でみんなが「いただきます」をした後、食事の時間を通して、好き嫌いなく食べることや食事のマナーを身に付けることの大切さに気づかせます。 　食後は、絵本を見たり、製作や積み木、ままごとなどで遊ぶことができるように、落ち着いて過ごせるような環境を整えていくことが必要です。
13：30	帰りの会	子ども達は、明日も続けたい遊びや用意しておいてほしい物について話しながら片付けをし、保育室に集まります。 　絵本を借りる日には、家に帰って読んでもらいたい絵本を借りたり、先生に「この本、読んで」と要求し、クラスで読み聞かせてもらったりします。 　先生は、今日の遊びや明日の予定などについて話し合い、自分なりの思いが友達の前で話せるようにしたり、明日への期待をもって降園できるようにします。
14：00	降園	先生は、子ども自身に忘れ物がないかを確かめさせながら、降園準備をします。また、お迎えに来た保護者に対し、今日の遊びや明日の予定などを伝えたり、個別に連絡事項のある保護者に簡潔に伝えたりします。

　子ども達は、こうした園生活を送る中で、さまざまな体験を重ねると同時に、学校教育に求められる集団生活のルールや学習の基礎を学んでいきます。次に、自由保育と一斉保育について解説をしましょう。

第2章　子どもの理解を深めるために

２．自由保育と一斉保育

　幼稚園の一日の教育時間は、４時間を標準としています。保育所では、８時間の保育を原則として、最長11時間、延長12時間までを可としています。このような定められた教育・保育時間の中で、子ども達の多様な活動を実現するために、園では、自由保育や一斉保育と呼ばれる保育形態を組み合わせた教育・保育を展開しています。

１）自由保育とは

　子どもは、園内に設定された環境に興味をもってかかわり、一人でまたは友達と一緒に自由な発想のもと、さまざまな遊びを展開していきます。
　自由保育とは、子どもの自由な活動を尊重するという保育理念に基づいているものです。これは、倉橋惣三（1953）によって以下のように提起されました。

「幼児の生活を十分生活らしさにおいて害わないためには、幼稚園生活の形態に、いわゆる自由の要素をできるだけ多くもたせるということが先決であります。ただし、自由とはいうものの、子供の方にとりましては、それが当たり前だけのことで、自由自由と、ことごとしくいうほどのことでもなく、幼児を主として取り扱っている幼稚園なら、それが当たり前であります。すなわち、子供の生活そのままの動きを不自然な点を出来るだけ避けることです。ところが、生活形態の重要視はそれで実行されるとして、それでは、教育目的の方は、しばらく引っ込めておくかという問題が起ってきそうです。もちろん教育目的なくして教育はありません。しかも、その目的を必ずしもこちらから押しつけなくとも、幼児の生活それ自身が自己充実の大きな力を持っていることによって、すでにそこに教育の目的に結びつくつながりが見い出せるはずです。つまり、幼児の生活をさながらにしておくのは、ただうっちゃり放しにしておくということでなく、幼児自身の自己充実を信頼してのことです。それを信頼してこそそれを十分実現させてやることが出来るのです。」（倉橋惣三著、柴崎正行解説、津守真・森上史朗編（2008）『幼稚園真底』フレーベル館、pp. 31-32）下線部分は、筆者が引きました。

自由保育では、子どもの自由な活動を促すために必要となる環境の設定や、一人一人の子どもの発達過程に応じた援助が重要です。また、下線部分のように、自由保育が子どもの自由な活動だからといって、何をしてもいい、放っておいてもよいということではなく、「幼児自身の自己充実を信頼して」行うものであり、つまり幼児の自発性や主体性を大切にすることが重要であるといえます。次に、自由保育における2つの留意点を確認しておきましょう。

①環境設定

　自由保育は、子どもの自由な活動を尊重する保育です。先生としては、子どもの発想をさらに発展させる環境設定を考えなければなりません。たとえば、山づくりをしている子どもの近くに、バケツを用意しておくと、喜んで水を汲みにいき、川やダムを作りはじめるきっかけとなるでしょう。先生が子どもに直接働きかけるというよりは、子ども自身が身近なもの（環境設定）の中から必要なものを選び、自分で遊びを充実させていくことが大切です。また、子どもは、見たこともない新しい体験に対して好奇心を膨らませます。そのため、はじめての体験ができる仕掛けづくりを考えることも重要ですし、今日した遊びが明日も続けられるような環境を整える必要があります。そして、子どもの実態に合わせて、自由保育の時間を少し長めにとったり、遊びの空間を広げていくなど柔軟に対応をしましょう。

②一人一人に応じた指導

　子ども自身の興味関心、感じている課題を把握し、先生も子どもに寄り添いながら共に考え、ヒントを与えたり、時には活動の様子を励ましたりして、それぞれの子どもが充実感や満足感を味わえるようにすることが重要です。また、自由保育中に行った遊びを他の子どもたちに伝える場を作り、クラス全体で共有することも考えましょう。そうすることで、友達のしていることに興味関心を抱くことができ、仲間意識を育むことにもつながります。

第2章　子どもの理解を深めるために

2）一斉保育とは

　一斉保育（あるいは設定保育）とは、先生が指導計画や子どもの興味関心などから、育てたい姿である「ねらい」と「内容」に基づいて、意図的に活動を計画し、設定して行う保育のことをいいます。子どもは自由に遊びを展開していきますが、自分の興味関心による遊びばかりでは、その活動に偏りがみられ、活動内容の質も高まらない場合があります。子ども達の経験を多様で豊富なものにすることや、目標を持った活動の面白さを味わうこと、また子ども同士が共通意識をもって高め合うためには、一斉保育を取り入れることも効果的であるといえます。次に、一斉保育の事例（次頁）をみながら、子どもの様子や保育の展開について考えてみましょう。

　一斉保育では、先生があらかじめ設定した「ねらい」と「内容」に基づいて活動が実施されますが、その中で一人一人の思いや考えが生かされ、個々の力がクラスの中で発揮されるようにしなければなりません。また、製作が好きな子どもや歌を歌うことが好きな子ども、絵本が好きな子どもなど個性豊かな子どもたちが一緒に活動に取り組めるように配慮をする必要があります。ここでも、一斉保育における2つの留意点を確認しておきましょう。

①環境設定

　一斉保育では、クラス全体で取り組むことを考え、それに必要となる時間や空間をイメージして指導計画を練りましょう。活動によっては、先生の想定よりも時間のかかることがありますので入念な準備が求められます。事例を振り返りますが、先生は小鳥を作成するにあたって、基本的な材料となる空容器と色紙などを先に子どもに提示しています。基本的な材料以外は、机の上に並べ、子ども達が自白に取り扱えるような環境を設定していました。この先生は、小鳥の鳴き声を聞くという先行経験や日頃の子どもの発言や行動から一斉保育での子どもの様子を想定し素材の準備を進めていたからこそ、A児の「鳴くことり」を実現することができたといえます。子どもの実態に合わせた一斉保育を展開することが何よりも重要です。

【事例】「「鳴くことり」をつくりたい」 2年保育5歳児

ねらい：いろいろな材料を使って「ことり」を作り、イメージを表現しながら遊ぶ楽しさを味わう 内　容：廃材を使って工夫して小鳥や遊びに必要なものを作ろうとする 準備物：空容器、色紙、トイレットペーパー芯、空き箱、スチロール球、紙テープ、すずらんテープ、画用紙、モール、木等

前日までの子どもの様子： 　子どもたちが園庭で遊んでいる時、「ケキョ、ケキョ、ホーホケキョ」とウグイスの鳴き声が聞こえてきました。そのことが話題になり、子ども達がいろいろな鳥の鳴き声に関心を示しています。そこで、先生は一斉保育において「ことり作り」を計画しようと考えました。

　先生は、ことり作りを始める前に、子ども達に絵本の「ことりのうち」の読み聞かせをしました。絵本を見ていたA児が、「幼稚園の小鳥のおうちと一緒みたいなのがある！」と絵を指差して周りの友達に知らせようとしていました。

　絵本を読み終わってから、子ども達に対して「どんなことりさんを作りたい？」と先生が小鳥作りの材料について聞くと、A児が「ケキョケキョって、鳴くようにしたい！」と真っ先に答えました。みんなが作り始めた頃、A児は「鳴くことり」を作るために鈴を選んで持ってきて、先生によって予め用意された材料（空容器、色紙など）の近くに置きました。

　それをみていた他の子ども達も「わたしもしてみたい！」と先生が用意したテーブルの上に置かれた鈴を次々と取りに来ました。子ども達は、鈴を入れた小鳥を振ってみては、「鳴いてるよ！」と喜び、「きれいな羽にしよう。」と言い合っていました。中には、「箱でことりのおうちが作れるよなあ。」と巣箱を作りはじめる子どもの姿も見られました。小鳥のくちばしがうまく付かない、巣箱の入口がうまく切れない等の声に、先生は技術的な援助をします。

　そうしているうちに、B児が「先生、木がいるよ。巣箱を付けなくちゃー。」と言うので、先生は、あらかじめ用意していた木を一緒に取りに行きました。B児は、できた小鳥を手に持って「ことりのうた」の曲に合わせて「歌が上手だね。」と振りながら歌って楽しんでいます。木が用意されると、子どもたちは、その木に巣箱を付けたり、小鳥を木に止まらせたりして遊んでいる姿がみられました。

　お弁当の時間には、片付けをします。先生は、子ども達が食後も小鳥にかかわって遊べるように、子どもの手が届く棚の上に木や材料を片付けます。C児は、お弁当のそばに小鳥を置いて「一緒にお弁当食べよう！小鳥さんが卵焼きを食べちゃったよ。おいしいって鳴いてるよ。」と言っていました。

　その後も、自由保育の時間に小鳥にかかわりながら遊ぶ子どもの姿が見られるようになりました。

②一人一人に応じた指導

　子ども達は、先生によって用意された活動に取り組んでいます。先生として
は、子ども達一人一人の発言をよく聞きながら、常に全体を把握しておく必要
があります。そして、子どもが友達と話し合いながら活動に取り組む姿を認め、
みんなで取り組んだ楽しさや喜びが感じられるような配慮が必要です。また、
画一的な指導を避け、子ども自身が自分なりに工夫をして活動を楽しむ姿を大
切にしましょう。

　ここまで、自由保育と一斉保育の解説をしました。追記として、自由保育と
一斉保育をめぐっては、自由保育の実施が小学校教育において学級崩壊を招い
ている原因であるかのように言われていたり（田邊（2000）「自由保育が学級
崩壊の原因か－幼児期の教育－」※この中で田邊は、自由保育が学級崩壊の原
因であることを否定しています）、一斉保育を実施することで、教師主体の保
育になり、子どもの自主性や能動性が抑えられ、子どもが受け身的になってし
まう（大元（1984）「保育における指導方法、形態に関する考察：「一斉保育」
の検討」）という議論もされてきたことを指摘しておきます。自由保育と一斉
保育を対立的に捉えることが果たして妥当であるのかどうか、これまで検討が
重ねられてきました。しかし、こうした中で、どちらにおいても言えることは、
先生が子どもに指示を出して活動を行わせるのではなく、子どもの興味関心に
基づいた活動、つまり子どもを中心とした指導が行われることが重要であると
いえるでしょう。

3．園内の環境構成と留意点

　子どもたちは、身の回りの物的・人的環境と応答的なかかわりを通して、物
事にかかわる意欲や態度を身に付けていきます。その中で、子ども達の好奇心
や探究心を上手く引き出すには、どのような環境設定が求められるでしょうか。

1）園内の環境構成

　園内には、子ども達が自由に利用できる園具、遊具、素材があり、子どもは、そうした園内に設置されている道具や材料とかかわりながら、ものの扱い方や素材の特性等を学びます。先生は、子どもの身の回りにある園具や遊具、素材の扱い方を十分に理解した上で、環境を構成する必要があります。また、園内に用意された環境の中で、子ども達の気づきや発見を促したり、子ども達が活用してみたいと思うことなど、子ども自身が思わずかかわって遊びたくなるような環境をつくることが求められます。そのためには、子どもが興味や関心のある活動にじっくりと取り組むことができる時間や空間、材料や遊具の確保も重要な要素となるでしょう。また、園内だけでなく園外の自然にも触れて遊べるように計画し、幼児がそれらを利用して遊べるように配慮をする必要があります。そして、特に子どもの発達過程やそれまでの経験などを踏まえながら、子ども達が豊かな体験ができるように意図的・計画的に環境を構成しましょう。環境構成を考える際のポイントとして、次の4つの視点を取り上げておきます。

　　　　①もの・・・遊具・素材・用具・教材など
　　　　②ひと・・・友達・先生・家族・地域の人など
　　　　③場所・・・園庭・建物・園外の施設など
　　　　④自然・・・動植物・自然現象など

　これら4つの視点は、それぞれが独立しているわけではなく、環境構成の空間の中において、お互いが有機的につながっています。遊具や用具が屋内にあるのか屋外にあるのか、園外に持ち出すのかによって、子どものとらえ方や遊び方も変わってきます。たとえば、園庭の草花を室内に持ち込んでコップに生けておいたり、素材としての牛乳パックやペットボトルを室内においておくのか園庭に於いておくのかなど、同じものを見ても、置いてある場所やかかわる人によって新しい発想が自然と生まれてきます。4つの視点の組み合わせを変えることで、日常の空間から新しい興味が生まれ子どもの好奇心や探求心

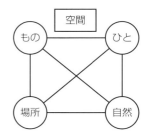

第2章　子どもの理解を深めるために

を引き出すことにつながります。

2）園内の環境構成における留意点

　子ども達のよりよい園生活を創るために、園内の環境構成における11項目の留意点を以下に取り上げました。

①昨日の遊びや生活の流れから、遊びの設定や必要な遊具や材料を準備し、登園後すぐに遊びに取りかかれるようにしておく。

②その日の生活の流れによって環境の設定を考慮し、スムーズに生活できるように構成する。

③保育室や戸外の遊びがのびのびとできるように配置や空間に留意したり、遊びの配置を工夫し関連しあって遊べるようにしたりする。

④落ち着いて遊べる場や安心できる居場所となるよう、一人一人の子どもの欲求に応じた環境も考慮していく。

⑤室内や廊下などは、子どもの動線を考えて机やいす、また、遊びの場を設定し、スムーズに生活できるようにする。

⑥遊びや生活に必要な物は予想して準備しておき、子どもの要求によって提示したり、子どもと共に考えて探したりする。

⑦友達や先生をモデルとして生活や遊びに取り組もうとする姿を受け止め、共に楽しめるような人的環境作りをする。

⑧子どもたちは遊びを進めながら、必要な環境を自分たちで作っていく。前日の環境を作り直し、遊びの環境の再構成ができるよう援助する。

⑨遊びがより楽しくなるように、また、新たな発見につながるように、遊びの刺激となるものをタイミングを捉えて提示していく。

⑩遊びに没頭でき、満足いくまで楽しむことができるような十分な時間と空間を保障する。

⑪園外の自然環境や社会環境に触れる機会を多くするとともに、経験を園内の遊びに展開できるように場の構成を工夫する。

園内の環境構成を考える際には、上記の11項目の留意点に配慮しながら保育を行うことが求められます。先生は、子ども達がさまざまな体験を十分に得られるように、ねらいと内容に基づいて計画的な環境構成をする必要があります。また、子どもの自発的行為を促すための環境構成のあり方は、乳幼児期に限らず、学校教育全体に渡って留意すべき点だということができるでしょう。

第2節　子どもを理解することとは

1．欲求と動機

1）欲求とは

　人間は生まれた瞬間から死ぬまで欲求を持っています。その欲求を満たすために何らかの行動を起こしているとも言えるのではないかと思います。例えば私たちは「のどが渇いた」という欲求が起これば、お金を持っていれば自動販売機を探し、お茶やジュースを買います。もしお金がなければ、ただで水が飲めるような場所を探すでしょう。どちらにしても「のどが渇いた」という欲求がその欲求を満たすための行動、「自動販売機を探す」や、「ただで水が飲める場所を探す」という行動を引き起こしているのです。このように人の行動を引き起こす欲求には、いろいろな種類があります。「のどが渇いた」のような生命保持にかかわるものから、「もっといろいろなことを知りたい」のような自己実現にかかわるものまであります。その種類は階層構造をなすものとしてマズロー（Maslow, A. 1970）が図2－1のように示しています。

図2－1　マズローの欲求階層説

第2章　子どもの理解を深めるために

　生理的欲求に、食欲や睡眠、排せつなどの生命維持のための欲求で、安全の欲求は、生きることの安全や安心を求める欲求です。愛情と所属の欲求は、他者に受け入れられ、愛されたいという欲求です。自尊の欲求は自分が所属している集団で認められ、尊重されることを求める欲求です。自己実現の欲求は、自分の持っている能力や可能性を最大限発揮させたいという欲求です。

　マズローがこの図で示しているのは欲求の種類だけではありません。欲求が階層構造になっていることも示しています。その内容は、下位の欲求が上位の欲求に優先され、欲求は満たされると意識から消え、その上位の欲求が現れるというものです。例えば、睡眠不足で「眠たい」という欲求（生理的欲求）があるとします。つまり生理的欲求が満たされていない状態です。このような時には、読みたい本も読めず、観たいテレビを観ることもできませんが、十分に眠り、「眠たい」という欲求、生理的欲求が満たされると、自分の興味や関心のあることに向かうようになります。

　短大や大学に入学したての数日間のことを思い出してみてください。友人と言えるような人もおらず、高校までのようなクラス単位の授業ではない事に戸惑う場合が多いのではないでしょうか。このような状況では、愛情と所属の欲求や自尊の欲求が十分に満たされているとは言えず、自己実現の欲求より下位の欲求の充足が優先され、多くの人は自分の居場所探しに時間を費やすのではないでしょうか。中には「自分は自分、自己実現に邁進だ」と思う人もいるかもしれませんが、少数派だと思います。3年保育の3歳児の4月頃の心の状態を想像してみてください。初めて家以外の場所に母親から離されて置かれてしまうというのは安全の欲求、所属と愛の欲求、自尊の欲求が満たされていないので、先生がどのようなものを示しても、見向きもしない状態が見られる場合もあります。それは先生のせいではなく、子どもは下位の欲求が満たされていないため、自己実現の欲求が現れてこないのです。その姿は短大や大学に入学したての頃の皆さんと同じなのです。しかし、先生が示したものに対してずっと見向きもしないという状況ではありません。徐々に「ここは悪くないな」と思い始め、上位の欲求（自己実現の欲求）が芽生えてくるのです。先生は子ど

43

も一人ひとりがいろいろな欲求を持っていることを認識し、子どもにかかわることが大切です。

2）動機とは

　「あなたはなぜ保育職につきたいと思ったのですか。その動機を教えてください。」のような質問の中にも見られるように、動機という言葉は普段の生活の中でもよく聞かれると思います。動機とは欲求を解消するように行動を起こそうとする心の動きです。先の例では「自動販売機を探そう」や、「ただで水が飲める場所を探そう」というように「渇き」という欲求を解消するように行動を起こそうとする心の動きのことをさしています。人間の行動が起こった理由が心の内にあるのか、外にあるのかと言う視点から動機を分けたものが、内発的動機と外発的動機です。内発的動機は行動自体が目標であって、賞を得たいとか、罰を避けたいというような目標があるわけではありません。それに対して外発的動機は、「何らかの報酬を得るため」や「罰を与えられないため」というような目標に向かう行動を引き起こすものです。例えば「保育内容の領域「環境」は面白いから関連する本を探して読み、授業にも真面目に出席する」のは内発的動機と言えますが、「保育内容の領域「環境」は免許や資格の必修だから、単位（報酬）を取るために授業に出ている」というのは外発的動機と言えます。子どもが遊ぶのはそれ自体が楽しい、つまり内発的動機から遊んでいます。内発的動機によって起こった行動は、持続し、学習効果も高いと言われています。逆に外発的動機から起こった行動は、その報酬や罰がなくなるとその行動が現れにくいと言われています。

　内発的動機には好奇心、自己決定感、コンピテンス（有能さ）動機などが含まれています。それら一つひとつについて見ていきたいと思います。

　好奇心とはどのようなものでしょうか。この問いの答えを考えるのに参考になるものとして、稲垣佳世子（1977）の子どもの好奇心に対する5つの行動基準（表2−2）があげられます。稲垣はこの基準を使って、子どもの担任の先生に子どもについて評価してもらうということを行っています。子どもの好奇

第2章　子どもの理解を深めるために

表2−2　子どもの好奇心に対する行動基準

基準	内　　　　　容
基準1	何か変ったことがないはと自分のまわりをよくしらべる。
基準2	ものごとの新しいやり方を工夫したり、新しいものをつくったりする。
基準3	まわりの新しいもの、よくわからない不思議なもの（事物）に積極的に関心を示す。つまり、それに近づいて調べてみたり、手でいじってみたり、質問したりする。
基準4	自分のことや自分の環境のことについてよく知ろうとして、試したり、調べたりする際、熱心に粘り強く、それを行う。あるいは納得のいくまで質問しつづける。
基準5	知っていることや前に教えられたことと関連づけてものごとをみたり、考えたりしようとする。そしてくいちがいに気づいたり、疑問をもったりする。

［出典：稲垣佳世子（1977）教師による幼児の好奇心評定の関連要因、『教育心理学研究』25巻2号：pp25-31］

心を考える時、これらの基準一つひとつについて、5段階評価（当てはまる、やや当てはまる、どちらともいえない、やや当てはまらない、当てはまらない）によって測定してみるのも良いように思います。

　自己決定感は、自分の意志で自分の行動を決めることで得られます。例えば、自由遊びなどのように好きな遊びを選べるような場面では、自分で自由に遊びを決められ、自己決定感が高いので、遊びは楽しく、持続します。また、先生に言われなくても時間になればおもちゃを片づける行動などは、自ら進んで片づけをしているのでその行動も持続します。設定保育を行う場合も、子どもたちが「自分で決めてこれをした」という気持ちになるような環境構成をしておくと、子どもの行動が内発的に動機づけられることになるでしょう。

　コンピテンス動機とは、ホワイト（White, R. 1959）によると、「人間がすでに備わっている潜在的な能力と環境に効果的に働きかけて、その過程において自分の有能さを追求しようとする動機」と定義しています。子どもは当番活動などにおいて、その活動をしっかりと終えることは「有能感」が高まり、コンピテンス動機も高まると言われています。たとえば、遊びの中で自分なりに工夫して作ったお面を見た他の子どもから、「作り方を教えてくれ」と頼まれると、子どもは有能感が高まり、それがコンピテンス動機を高めます。これらの状況を先生は意図的に作り出すことも必要になるでしょう。

45

２．発達の理解

　発達については「発達心理学」で詳しく学びますので、この本では、保育内容の領域「環境」にかかわる部分の発達の様相について述べたいと思います。その際、大変参考になると思われるものは、平成11年度に改訂された保育所保育指針（現在の保育所保育指針の２つ前のバージョン）です。この指針では、年齢ごと、保育内容の領域ごとに内容と配慮事項が記されています。その中の環境の部分の内容をまとめたものが表２－３です。年齢が上がるにつれ、その内容が変化しているのが読み取れると思います。この内容の記述を到達目標的に捉えるのは少し短絡的かと思いますが、各年齢の姿がこの表から見えてくるのではないでしょうか。

　表２－３より、環境という領域は、子どもの「認知の発達」と「道徳性の発達」を観ることが求められているのがわかります。勿論、言葉抜きの「認知発達」、人間関係のない「道徳性の発達」はないので、言葉や人間関係の領域の中でも「認知発達」や「道徳性の発達」は観ていますが、環境の領域がこの二つの観点の中心となっています。

　さて、年齢が上がるにつれ、内容に変化が見られるのがわかると思います。例えば、３歳児の動植物のかかわりは、単に「触れる」というものです。４歳児になると「世話」をし、「愛情をもつ」ことが出てきます。しかし、１年経てば、身長が伸び、体重が増えるのと同じように世話ができ、愛情を持つような子どもになるわけではありません。先生が教育的視点を持って、子どもに経験を積ませることによって、「触れる」から一段上の段階になるのです。正しい食生活をしていなければ、一年経っても身長は伸びず、体重が増えないのと同じです。つまり適切な環境設定が、子どもたちの「認知発達」と「道徳性の発達」を促すのです。

第2章　子どもの理解を深めるために

表2−3　保育所保育指針　保育内容（平成11年改訂版）

3歳児
(1)身近な動植物をはじめ自然事象をよく見たり、触れたりなどして驚き、親しみを持つ。
(2)身近な人々の生活を取り入れたごっこ遊びを楽しむ。
(3)自分のものと人のものとの区別を知り、共同のものとの区別にも気づく。
(4)身近な事物に関心を持ち、触れたり、集めたり、並べたりして遊ぶ。
(5)様々な用具、材料に触れ、それを使って遊びを楽しむ。
(6)生活や遊びの中で、身の回りの物の色、数、量、形などに興味を持ち、違いに気づく。
(7)保育所の行事に参加して、喜んだり楽しんだりする。

4歳児
(1)身近な動植物の世話を楽しんで行い、愛情を持つ。
(2)自然や身近な事物・事象に触れ、興味や関心を深める。
(3)身近にある公共施設に親しみ、関わることを喜ぶ。
(4)身近にある乗り物に興味や関心を示し、それらを遊びに取り入れようとする。
(5)自分のもの、人のものを知り、共同のものの区別に気づき、大切にしようとする。
(6)身近な大人の仕事や生活に興味を持ったり、それらを取り入れたりして遊ぶ。
(7)身近にある用具、器具などに関心を持ち、いじったり、試したりする。
(8)具体的な物を通して、数や量などに関心を持ち、簡単な数の範囲で数えたり比べたりすることを楽しむ。
(9)身の回りの物の色、形などに興味を持ち、分けたり、集めたりして遊ぶ。
(10)保育所内外の行事に楽しんで参加する。

5歳児
(1)身近な動植物に関心を持ち、いたわり、世話をする。
(2)自然事象が持つ、その大きさ、美しさ、不思議さなどに気づく。
(3)身近な公共施設や交通機関などに関心を持つ。
(4)近隣の生活に興味や関心を持ち、人々が様々な営みをしていることに気づく。
(5)身近にいる大人が仕事をしている姿を見て、自らも進んで手伝いなどをしようとする。
(6)自然や身近な事物・事象に関心を持ち、それを遊びに取り入れ、作ったり、工夫したりする。
(7)身近な用具、器具などに興味を持ち、その仕組みや性質に関心を持つ。
(8)身近な物を大切に扱い、自分の持ち物を整頓する。
(9)生活の中で物を集めたり、分けたり、整理したりする。
(10)簡単な数の範囲で、物を数えたり、比べたり、順番を言ったりする。
(11)生活の中で、前後、左右、遠近などの位置の違いや時刻、時間などに興味や関心を持つ。
(12)保育所内外の行事に喜んで参加する。
(13)祝祭日などに関心を持ち生活に取り入れて遊ぶ。

6歳児
(1)身近な動植物に親しみ、いたわったり、進んで世話をしたりする。
(2)自然事象の性質や変化、大きさ、美しさ、不思議さなどに関心を深める。
(3)身近な公共施設などの役割に興味や関心を持つ。
(4)保育所や地域でみんなが使うものを大切にする。
(5)大人が仕事をすることの意味が分かり、工夫して手伝いなどをするようになる。
(6)季節により人間の生活に変化のあることに気づく。
(7)季節により自然に変化があることが分かり、それについて理解する。
(8)自然や身近な事物・事象に関心を持ち、それらを取り入れて遊ぶ。
(9)日常生活に必要な用具、器具などに興味や関心を持ち、安全に扱う。
(10)身近にある事物の働きや仕組み、性質に興味や関心を持ち、考えたり、試したり、工夫 　したりして使おうとする。
(11)身近なものを整頓する。
(12)日常生活の中で簡単な数を数えたり、順番を理解する。
(13)日常生活の中で数や量の多少は、形に関わりがないことを理解する。
(14)身近にある標識や文字、記号などに関心を示す。
(15)身の回りの物には形や位置などがあることに関心を持つ。
(16)生活や遊びの中で時刻、時間などに関心を持つ。
(17)保育所内外の行事に進んで参加し、自分なりの役割を果たす。
(18)祝祭日などに関心を持ち生活に取り入れて遊ぶ。

3．個性の把握の必要性と注意点

　実践をする前に保育計画を立てますが、子ども一人一人の個性を念頭において計画を立てなくてはうまく保育は回っていきません。では、個性とは何を意味しており、子どもの何を知る必要があるのでしょうか。

　普段私たちは同輩とかかわるとき、その人はどのようなことが好きなのか、嫌いなのか、明るい性格の人なのか暗い性格の人なのか、などを知りたいと思います。それは先生が子どもと出会う時も同じなのではないでしょうか。子どもがどのような人なのかを知る方法にはどのようなものがあるのか考えてみましょう。まずは母親などの養育者からの聴き取りや、前の担任がおられれば、その記録に目を通すことに始まります。次に自身が子どもの様子を観察し、「お母さんはこのように言っておられたけれど、少し印象が違うみたいだな」とか「やはりそうか」と自分なりに子どもの個性を把握する作業を行います。多く

第2章　子どもの理解を深めるために

の場合はこのように子どもについての第三者評価と自分自身の観察から子ども
の個性を把握することになりますが、必要な場合には性格検査や知能検査など
を通して子どもの個性を知ることもあります。性格検査と言っても大人のよう
に質問紙（アンケートのようなもの）を読んで当てはまる所に丸をつけるよう
なことはできません。ロールシャッハテスト（左右対称のインクのシミについ
て何に見えるか答えるテスト）、P-Fテスト（絵画欲求不満テスト）のように
絵を見てそれについて言葉で答えるものや、バウムテスト（「実のなる木」を
描くテスト）のような描画テストが中心になります。また、知的な部分を明ら
かにしたい場合には知能検査が実施されることもあるでしょう。このようにし
て得られた情報から子どもの個性を把握し、保育計画を立案し、保育を実施し
ていきます。その結果として、年度の終わりには子どもについての評価表のよ
うなものを作成します。

　子どもの個性を知ること、それを丁寧に記録しておくことはとても大切な先
生としての仕事です。一生その子どもの担任をするのではないので、次の人へ
の引き継ぎの資料としてもとても大切です。しかしそのような資料は作成者の
意図とは別に、読む側が子どもの評価を歪めてしまう可能性があることに注意
しなくてはなりません。次にその例をいくつかあげましょう。

　「A君は走るのが得意でとても活発な子どもです」という記述があったとし
ます。今までA君とかかわったことのない先生が、この記述を読み、「A君はボー
ル遊びも得意だろう」と考えてしまうようなことが起こることがあります。こ
れは、ある人を評価する際、その好ましい特徴（好ましくない特徴）に引きず
られて他の特徴についての評価が歪められる現象のことで、ハロー効果（光背
効果）と言われるものです。このように好ましい方に歪められるのは大きな問
題にはならないと思われますが、好ましくない方に引きずられ、他の側面まで
低く評価してしまわないように、記録を読むときには注意が必要なのではない
かと考えます。

　また、「Bちゃんのお父さんもおじいさんも小学校の先生です」という記述
があったとします。すると「Bちゃんは真面目な子どもではないかな」と考え

49

がちです。それは他の人がどのような人であるのかを考える際、性別や人種、職業などのイメージから判断してしまうことがあるからで、このような固定化されたイメージのことを「ステレオタイプ」と言います。このようにステレオタイプ的に子どもを見てしまうと、その子どもが本来持っている個性が見えなくしてしまう可能性を持っています。子どもの資料を読む際には、このような事があるということに気を付けることも必要です。

　最後にピグマリオン効果について述べておきます。これは、ローゼンタールとヤコブソン（Rosenthal, R. & Jacobson, L. 1968）によって報告されたものですが、先生が子どもに対して何らかの期待を抱くと、無意識にそのような期待に添うように働きかけてしまい、子どもの側もその期待に添うようになるということです。この場合も良い期待を抱いて、良い方向に子どもが導かれた場合は問題ないのですが、悪い方ならば問題になります。

　子どもの個性を理解し保育を展開することは大切です。しかしこの子はこんな子だと決めつけて接することは、子どもの自然な成長を阻害する可能性があります。先生は子どもにとって、大きな意味をもつ人的な環境なのです。

４．人間関係

１）子ども同士の関係

　前節では子どもの個性について述べましたが、園で子どもは一人だけでいるのではなく、子ども集団の中に存在しています。つまり子ども集団という人間関係の中にいます。そこで子どもたちの人間関係について考えてみたいと思います。

　人間関係を考える上で重要な資料となるのは子どもの遊んでいる様子です。子どもの遊びを漫然と観察していても子どもをしっかりととらえることは難しいと思います。そこで参考になるのが、パーテン（Parten, M. 1932）の分類です。彼は幼児の集団遊びについて仲間との関係から見て、「ぼんやりしている」「傍観」「ひとり遊び」「並行遊び」「連合遊び」「協同遊び」の６つに分類しています。「ぼんやりしている」とは、遊びにかかわらず、ぼんやりとしていることです。

「傍観」は他の子どもの遊んでいる様子を見ていることです。「ひとり遊び」は近くにいる他の子どもと、お互いにかかわらず各自違う遊びをしていることです。「並行遊び」は、近くにいる他の子どもと同じ遊びをしてても、お互いに交流をもたない遊びです。「連合遊び」は、複数の子どもと交流をもちながら同じ遊びをしているが、明確なルールや役割分担がない遊びです。「協同遊び」は、遊びに明確なテーマが見られ、それぞれに役割分担があり組織化された集団で遊びの事です。子どもがこれら６つの遊びのどの遊びをよくしているのかをチェックシートなどを用いてその頻度を調べると、子どもの集団への参加具合がよくとらえられるように思われます。その際、子どもが遊びでどのような役割を取っているのかも記録すると良いでしょう。集団を引っ張りリーダー的なのか、後ろからついて行っているのか、自己主張が強くて自分の意見が通らないとその集団から出て行くのか、なども見逃してはならない点です。

　また、ソシオメトリック・テストなどの方法も考えられます。このテストは、たとえば子どもに「鬼ごっこを一緒にしたいのは誰ですか」と「鬼ごっこを一緒にしたくないのは誰ですか」と問うものです。その反応をソシオ・グラムや図２－２のようなソシオ・マトリックスに落とし込み、クラスの中の人間関係を知るものです。しかし、このテストには多くの問題点があります。まず、子どもには自分が言ったことを他人には言わないようにさせないといけない点で

		選 ん だ 子							
		A	B	C	D	E	F	G	H
選ばれた子	A							○	○
	B			○					
	C		○				○		
	D					○	○		
	E								
	F		○	○	○	○			
	G	○			○				○
	H	○						○	

図２－２　ソシオ・マトリックスの例（２名を選択させた場合）

［出典：髙村和代・安藤史高・小平英志（2009）『保育のためのやさしい心理学』ナカニシヤ出版］

す。子どもは自分が言ったことを人に言わないようにするのはとても大変なことではないでしょうか。次に、子どもの反応は一貫性があるとは言えない点です。普段は仲良くいても、テスト直前にちょっとした事で喧嘩になり、「遊びたくない人」と反応してしまうこともあるからです。さらに、自分のネガティブな反応に子どもが嫌な気持ちになってしまう可能性がある点です。このような問題点があるので、クラスの中の人間関係を知る方法としては、このようなテストを用いず、子どもが集団で遊んでいる様子を良く観察してとらえることが良いように思われます。

2）先生との関係
　子どもは初めて出会う先生を最初から好きな人として見ているのでしょうか。あるベテランの先生にインタビューをしました。

筆者：子どもって最初から先生の事好きだと思っていますか？

先生：入園したての子どもにとって私はいやな存在だと思います。大好きなお母さんから自分を引き離し、お母さんも少し涙ぐんだりしているのを見て、好きな人とは思わないはずです。

筆者：4月ごろ子どもが先生になつかなかったらどんな気持ちですか？

先生：うーん、やっぱりつらいです。

筆者：子どもの心の変化はどんな感じですか？

先生：最初はいやな奴、少ししてまあこの人で諦めとくか、あれ、まあいいかな、それから少しして好きとなるように思います。個人差はあって、割合とすんなり私の事を好きになる子どももいれば、なかなかうまくいかない場合もあります。でも面白いことに、こちらを好きになるのに時間がかかった子どもほど、担任が変わると、私のことを観に来たりします。

筆者：いつごろから先生のことを好きな子どもが多くなりますか？

先生：連休前にこの人で諦めようかとなるのですが、連休明けがまた入園当初とあまり変わらない状況になり、6月頃に落ち着いて、夏休みでまた少し戻って、10月頃

第2章　子どもの理解を深めるために

ですね。

筆者：先生として苦手な感じの子どもはいますか？

先生：理解しにくい子どもはいますが、いやだとか、苦手と感じたことはないです。素
　　　の自分ならば、苦手とかいやを感じたとしても、先生として子どもに接するので
　　　好きとか嫌いはないですね。

　先生のお話からも分かるように、子どもにとって先生との出会いは必ずしも
わくわくするようなものではないようです。しかし、日々の先生の努力によっ
て子どもは先生を信頼し、好きになり、自分を発揮できるようになっていきま
す。「先生の努力」と簡単に書きましたが、何をどう頑張れば良いのでしょうか。
これが正解というものはありませんが、一人ひとりの子どもが何を好きなのか、
子どもの事を知ろうとすることが一番だと思います。大人同士の関係でも、人
と親しくなるには、その人が何を好きなのか考え、好きなことを話題にしよう
とします。それは相手が子どもであっても同じだと思います。環境構成の中に
子どもの好きなものをそっと置いておくなど、小さな努力によって子どもが先
生のことを好きな人だと思うようになるはずです。

第3節　先生の役割

1. 教材を考える

1）自然体験について

　幼稚園教育要領や保育所保育指針、小学校学習指導要領生活編にも、「自然
にふれて」など、自然体験が重視されていることがわかります。では、自然体
験とは何なのでしょうか。

　雨森良子（1990）は、「触覚・嗅覚・味覚及び視覚・聴覚の五感を重視した
体験を、原体験と定義している」と述べ、原体験を9つのカテゴリーに分けて
います（表2－4）。この中で、「物を認識する原点であるこれらの五感を重視
した体験である原体験は自然物を素材とし触れたり行ったりすることそれ自体

53

表2−4 「原体験の種類」

種類	内　　　　　容
火体験	熱さを感じる。いろいろな物質の焦げる臭いを嗅ぐ、煙たさ、火を起こす、火を保つ、火を消す
石体験	石を投げる、石を積む、きれいな石を捜す、石で書く、石器を作る、火打ち石で火を起こす
土体験	素足で土に触れる、土の温もりと冷たさを感じる、土を掘る、土をこねる、土器作り
水体験	雨にぬれる、自然水を飲む、水かけ遊び、浮かべる、海で泳ぐ、川を渡る
木体験	木に触れる、木の臭いを嗅ぐ、木の葉木の実を集める、棒を使いこなす、木・竹・実でおもちゃを作る
草体験	草むらを歩く、抜く、ちぎる、臭いを嗅ぐ、食べる、草で遊ぶ
動物体験	捕まえる、触る、臭いを嗅ぐ、飼う、観る、声を聞く、食べる
情感体験	暗闇を歩く、日の出・日の入りを見る、月の満ち欠けを見る、林を歩く、大木を見る
その他	飢え、渇き

［出典：雨森良子（1990）「幼児期における原体験」『日本保育学会大会研究論文集』（43）、pp20-21］

をその狙いとしている。」と述べ、原体験が自然体験につながるものとしています。身近な自然体験について考える時、これらの項目からチェックシートを作り、保育計画の中に落とし込まれているかどうか確認するのも良いのではないかと思います。

2）良い教材の条件

　先生が子どもの前で保育を行う前にしなくてはならないことの一つに、教材研究があります。教材は、子どもが興味や関心を抱き、それにかかわることで子どもの発達が促されるものではなくてはなりません。では、どのような教材が良い教材だと言えるのでしょうか。鎌田首治朗（2012）は子どもたちの「やる気」を高める9つのスイッチについて言及しています（表2−5）。子どもたちの「やる気」スイッチが入る教材について、「9つのやる気スイッチ」の中から考えていきたいと思います。

　教材を考えるための項目にあたるのは、③「わかる、できるスイッチ」、④

第 2 章　子どもの理解を深めるために

「謎解きスイッチ」、⑧「失敗スイッチ」の 3 点です。それぞれについて考えて
いきたいと思います。

　「わかる、できるスイッチ」が入るかどうかは達成感と強くかかわっています。
何か課題が与えられた時に、簡単にできた場合と手間がかかってもできた場合
では、後者の方が達成感を強く感じるはずです。以前、5 歳の子どもに 8 ピー
スのパズルを与えた時のことです。すぐにでき、そのことを褒めると、「これっ

表 2 － 5　「9 つのやる気スイッチ」

	スイッチ名	概要説明
①	ゴールデンスイッチ	新学期は、新しい担任、新しいクラスになりやる気でいっぱいである。ただし、ゴールデンウイークを過ぎるとその意欲は低下していく。
②	競争スイッチ	子どもたちは、競争が大好きである。競い合うことは、子どもたちをやる気にさせる。ただし、両刃の刃であることに教師は常に配慮、注意が必要である。
③	わかる、できるスイッチ	子どもたちは、わかる、できるという手応えによって成長し、やる気を感じていく。教師は、授業を通して、子どもたちのわかる、できる手応えを実現していかなければならない。
④	謎解きスイッチ	解き明かしたい謎があるからこそ、子どもたちは考えようとするし、考えられる。そのためには、考えるに足る、よく準備された「なぜ～なのですか」という問いが必要となる。
⑤	目標スイッチ	我々は、目標があるから頑張れる。子どもたちにも、長期、中期、当面の目標が必要である。目標を立てれば、同時に目標実現の手立てが求められることは当然である。
⑥	集団スイッチ	「クラスの子があんなに頑張っている。だから私も絶対頑張る！」―子どもたちが集団として育っていれば、仲間の頑張りは、人ごとではなくなる自分事になる。
⑦	先生(信頼)スイッチ	「信頼している先生が頑張れと言ってくれた。だから頑張る！」―信頼している先生の言葉は、子どもたちにとって大きなやる気の源になる。
⑧	失敗スイッチ	別名「悔しいスイッチ」。人は、失敗や悔しいことを乗り越えてこそ本気であるといえる。うまくいかなかったり、課題や問題にはね返されたりした時こそ、子どもたちの本気を引き出すチャンスである。
⑨	学習者スイッチ	解き明かしたい自分の問いが見つかった状態。教師は、自らが究めたい、解き明かしたいという問いをもった学習者でなければならない。そうでなければ、子どもたちのスイッチを入れることはできない。

[出典：鎌田首治朗（2012）『次世代の教育原理』中田正浩・松田智子編著、大学教育出版]

55

て、年少さんのやろ。すぐにできて当たり前や。もっと難しくないと面白くないわ。」と言われてしましました。そこで少し難しいものを与えると、時間がかかるものの出来上がり、「これ見て。やった！すごいやろ。もっと他のんやるから出して。」と言ってきました。この子は少し難しい課題をやり遂げ、達成感を感じ、もっと他のものにも取り組みたいという「わかる、できるスイッチ」が入ったようです。子どもにとって、少し頑張ればできるということはとても大切です。もし、最初に５歳の子どもには難しすぎ、やってみる気にもならないパズルを与えていたらどうなるでしょうか。「失敗スイッチ」が入る以前に、パズルに興味や関心を持てず、やろうともしなくなる可能性があります。ここで参考になるのが、プログラム学習の理論におけるスモール・ステップの原理です。スモール・ステップの原理とは、ある学習を成立させたいと思った場合に、その道筋を小さなステップに分解し、学習者は一つ一つ達成感を得て、次々に進んでいくようにするという原理です。子どもに教材を与える場合、少しずつ難しくして行き、達成感を感じ、少しずつ進んでいくことが大事です。

　さて、「失敗スイッチ」ですが、子どもに失敗して「悔しい」と思えるような経験ができるようにすることはとても難しいことです。失敗が続くと「やってもやってもできない」という気持ちを抱いてしまう、学習性無力感というものを感じてしまう可能性があります。勿論失敗に懲りない子どももいれば、一度の失敗で懲りてしまい、同じようなことは全くやろうとしなくなる子どももいます。子どもの個性を見極めた上で失敗経験を与えることが必要だと思います。

　最後に「謎解きスイッチ」です。子どもたちは３歳ごろから「何でお月様は丸いの？」「どうしてお姉ちゃんは学校に行くの？」など大人を質問攻めします。子どもにとってこの世は「謎」に満ちていて、身の回りにあるもの全てに対して興味や関心がつきません。いつでも何に対しても「謎解きスイッチ」が入りやすくなっています。しかしずっと同じ環境構成をしていたのではその「謎解きスイッチ」は入りません。例えば一年中同じ壁面で何も変えずにいたら、「何？」「どうして？」のスイッチは入らないのではないでしょうか。１月なら

ば、1月の、2月ならば2月に合った壁面に変えるだけで子どもたちの「謎解きスイッチ」は入ります。「このおモチの絵は何？」とか、「鬼さんがいるのは何で？」のような質問が出ることでしょう。子どもの側から質問がなかったとしても、先生から子どもに「なぜおモチの絵がはってあるのでしょうか？」とか、「なぜ鬼の絵がはってあるのでしょうか？」などの質問をすることができます。それによって子どもたちは「なぜだろう？」と考え、季節の移り変わりや行事などを知ることになるでしょう。また、調理保育やちょっとした実験のような保育も大切です。「さらさらの粉状のものに水を入れるとどろどろになり、熱を加えると今度は固まる」、物質の変化は子どもにとって謎だらけです。子どもが発する「なぜ」に対してしっかりと答えることができるように教材研究をしなくてはなりません。

2．保育を実践する

　保育実践中の先生の役割としては、援助者、共感者、教育者などが考えられます。子どもの年齢が上がるにつれて援助者の役割の度合いは少なくなり、教育者としての割合が増してきます。共感者としての役割は子どもが何歳になっても大切です。しかし、共感することはなかなか難しい場合もあります。先生も人間ですので、苦手なものがあるはずです。多くの人は虫が苦手なのではないでしょうか。そこで「素の自分」と「先生としての自分」を分けなくてはなりません。「素の自分」はダンゴ虫も鈴虫も大嫌いで、触るのは絶対に嫌だとしても、「先生としての自分」の時は、子どもが「先生ダンゴ虫、見て」と持ってきたら、一緒に触り、丸くなるのを楽しむということが必要になります。子どもの好奇心を育むには先生はその好奇心に付き合うことが大切です。

　次に先生としての言葉かけについて考えてみたいと思います。

　子どもたちが砂場で大きさの違う3つの山を作り、先生に「見て！大きなお山ができたよ」と言ったとします。これに対する先生の答えはいくつか考えられます。次にそれを示します。

> （ア）わあ、すごいね。本当に大きくて先生びっくりしちゃった。
>   鷲羽山（京都ならば大文字山）みたいだね。
> （イ）わあ、すごいね。これは鷲羽山（一番低いのを指さして）、これは富士山か
>   な（次に大きいのを指して）、これはエベレスト（一番高い山を指して）かな。

　子どもの年齢が低い時には、子どもの「大きな山を作った」という喜びを共感するだけで十分だと思います。（ア）のようにすごさに力点をおいた言葉かけが子どもにとってはとても嬉しい反応だと思います。しかし、少し年齢が高くなった場合、（イ）のような反応を先生がすれば、大きさと日本の大きな山、世界の山などについて目を向けさせる機会になります。勿論すべて共感的であることは大切ですが、教育者として子どもに接するならば、子どもの発達を見て、子どもの行為に教育的な意味付けをすることが必要です。このような反応ができるために、先生はいろいろなものに興味や関心を持ち、豊かな言葉の世界を持つことが必要です。

3．省察と評価

　保育や教育には、必ず実践後の省察や評価が必要です。しかし幼児教育は学校教育のようにテストなどで数量化が困難なので、その実践がどれほど子どもの発達を促したのかという教育効果を測定するのは難しいと思います。安藤ときわ（2011）は、動物飼育を行っている園と行っていない園の子どもの「思いやりにおける情動的共感性」の違いを分析しています。その結果、動物飼育をしている園の子どもの方が、していない園の子どもよりも思いやり情動的共感性が高くなることを見出し、動物飼育が園児の思いやりを育むのに必要であることを実証しています。

　このような研究的なデータで保育の効果が実証される例は少数のように思われます。幼児期の環境を考慮した教育の効果は、それとは意識されず後の教科への興味につながり、「即効性」をもっていない場合もあります。山田卓三（1993）は「教育を1本の木にたとえるなら、原体験はこれを支える大地に相当するものです。」と述べているように、幼児期の体験は後の教育の土台となるもので、

幼稚園や保育所に在園中の教育効果の測定はとても難しいように思います。

　しかし保育を行い、その結果を振り返らないというのでは、先生としての成長はありません。子どもについての評価は、表2－3をチェックシートとして用いると、何が発達し、何が発達していないかを可視化できるでしょう。また、表2－4や表2－5を用いて教材の偏りがないか、何が不足していたのかを振り返ることができると思います。さらに表2－6の配慮事項を使って、自身の保育を振り返ってみるのも良いのではないかと思います。

表2－6　保育所保育指針　配慮事項（平成11年改訂版）

3歳児
(1)身近の様々なものに興味を持つので、その興味、探索意欲などを十分に満足させるように環境を整え．保健、安全面に留意して意欲的に関われるようにする。 (2)身の回りの出来事や住んでいる地域の人々の生活が自分の生活と関わりがあることに気づくように配慮する。
4歳児
(1)動植物の飼育や栽培の手伝いを通して、それらへの興味や関心を持つようにし、その成長・変化などに感動し、愛護する気持ちを育てるようにする。 (2)家庭や地域の実態に即して、様々な経験ができるようにし、子どもの発見や驚きを大切にして、社会や自然の事象に関心を持つように配慮する。 (3)数、量、形などについては、直接それらを取り上げるのではなく、生活や遊びの中で子ども自身の必要に応じて、具体的に体験できるようにして数量的な感覚を育てるように配慮する。
5歳児
(1)飼育・栽培を通して、動植物がどのようにして生きているのか、育つのか興味を持ち、生命が持つ不思議さに気づくようにする。 (2)動植物と自分たちの生活との関わりに目を向け、それらに感謝やいたわりの気持ちを育てていくようにする。 (3)生活の様々な面を通して、自然や社会の事象に対して、好奇心や探索心を満たすことができるように配慮する。 (4)身近にいる大人の仕事を見て、自分の生活と大切な関わりのあることに気づくように配慮する。 (5)日常生活の中で子ども自身の具体的な活動を通して、数、量、形、位置、時間などに気づくように配慮する。

6歳児
(1)動植物との触れ合いや飼育・栽培などを通して、自分たちの生活との関わりに気づき、感謝の気持ちや生命を尊重する心が育つようにする。 (2)大人の仕事の意味が分かり、手伝いなどを積極的に保育に組み入れるように配慮する。 (3)社会や自然の事象を直接的に体験できるようにし、必要に応じて視聴覚教材などを活用して、身近な事象をより確かに理解できるように配慮する。 (4)飼育・栽培を通して、生命を育む自然の摂理の偉大さに畏敬の念を持つように配慮する。 (5)生活や遊びの中で、様々な事物と具体的な体験を通して、数、量、形、位置、時間などについての感覚が、無理なく養われるように配慮する。

引用・参考文献

第1節

倉橋惣三著、柴崎正行解説、津守真・森上史朗編（2008）『幼稚園真底』フレーベル館：pp. 31-32

柴崎正行・赤石元子編著（2009）『保育内容　環境』光生館

無藤隆編著（2000）『幼児期にふさわしい知的発達』チャイルド本社

田宮緑著（2011）『体験する、調べる、考える領域「環境」』萌文書林

大竹節子・塩谷香監修（2012）『0～5歳児の発達と保息と環境がわかる本』ひかりのくに

文部科学省（2008）『幼稚園教育要領解説』フレーベル館

厚生労働省（2008）『保育所保育指針解説書』フレーベル館

田邊光子（2000）「自由保育が『学級崩壊』の原因か：幼児期の教育（1999年度地区研究活動報告）」『教育學研究』日本教育学会、67（4）：pp. 478-479

飯島婦佐子（1986）「小学校5,6年生の自主性の発達：倉橋理論実践園対一斉保育中心園（社会性・仲間集団，社会3）」『日本教育心理学会総会発表論文集』（28）：pp. 474-475

大元千種（1984）「保育における指導方法、形態に関する考察:「一斉保育」の検討」『日本保育学会大会研究論文集』（37）：pp. 402-403

第2節

Maslow, A. H. (1954) *Motivation and personality.* New York : Harper & Row.　小口忠彦（訳）（1987）『人間性の心理学』産業能率大学出版部刊

Parten, M. (1932) "Social participation among pre-school children", *Journal of*

第 2 章　子どもの理解を深めるために

Abnormal and Social Psychology, 27: pp. 243-269

Rosenthal, R. & Jacobson, L. (1968) *Pygmalion in the classroom: Teacher expectation and pupil's intellectual development.* New York: Holt, Rinehart & Winston.

White, R. W. (1959) "Motivation considered: The concept of competence", *Psychological Review,* 66: pp. 297-333

稲垣佳世子（1977）「教師による幼児の好奇心評定の関連要因」『教育心理学研究』25巻 2 号：pp. 25-31

髙村和代・安藤史高・小平英志著（2009）『保育のためのやさしい心理学』ナカニシヤ出版

第 3 節

雨森良子（1990）「幼児期における原体験」『日本保育学会大会研究論文集』(43)：pp. 20-21

安藤ときわ（2011）「幼児における動物飼育体験と思いやりの形成との関連性 − 共感性・向社会的判断の分析を中心として −」『こども環境学研究』 7 巻 3 号：pp. 33-39

鎌田首治朗（2012）「教育課程と教育方法」：pp. 63-82　中田正浩・松田智子編著『次世代の教育原理』大学教育出版

山田卓三（1993）『生物学からみた子育て』裳華房

61

第**3**章

自然環境とのかかわり

第1節　自然体験の意義と必要性

　現代の子ども達は、自然体験や生活体験が不足しているといわれています。そのため、学校教育において、生活科や総合的な学習の時間が新設され、体験活動が推奨されました。体験活動について文部科学省(2008)では、「体験活動は、豊かな人間性、自ら学び、自ら考える力などの生きる力の基礎、子どもの成長の糧としての役割が期待されている。つまり、試行や実践の出発点あるいは基盤として、あるいは、思考や知識を働かせ、実践して、よりよい生活を創り出していくために体験が必要である」とし、体験活動の具体的な効果として、次の8つを取り上げました。

　【体験活動の具体的な効果】
　　　○現実の世界や生活などへの興味・関心、意欲の向上
　　　○問題発見や問題解決能力の育成
　　　○思考や理解の基盤作り
　　　○教科等の「知」の総合化と実践化
　　　○自己との出会いと成就感や自尊感情の獲得
　　　○社会性や共に生きる力の育成
　　　○豊かな人間性や価値観の形成
　　　○基礎的な体力や心身の健康の保持増進

　そして、体験活動では、子どもの学びの過程を次のように捉えています。

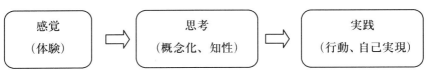

図3-1　体験活動における「学び」の過程

(独立行政法人国立青少年教育振興機構 (2010)「学校で自然体験をすすめるために自然体験活動指導者養成講習会テキスト」：p.11より抜粋)

　具体的な体験を通して、子ども達は生活や社会、自然の在り方について学んでいきます。体験するということは、学びの基礎であるといえるでしょう。それでは、自然環境とのかかわりについてみていくことにしましょう。

1. 身近な自然環境とのかかわり

1) 身近な自然環境とは

　子ども達が遊びに取り入れるような「自然環境」とは、どのようなものがあるかを考える前に、みなさんは「自然」という言葉を聞いて、どのようなイメージを持っているのか確認してみましょう。まずは1分間、自然から連想することをできるだけ多く書き出してみてください。

　以前、大学の講義で学生に同様の質問をしたところ、「植物・緑」「樹木・草花」「野鳥」「虫」「海・山・川」「癒される」「人工ではない」といった答えが返ってきました。皆さんが考えたものと比べて同じだったでしょうか。では、以下にあげるものは、どうでしょうか。

a) 生物ではない、例えば「石ころ」「砂」「水溜り」「氷」など。
b) 触れる物ではない、例えば「そよ風」「日差し」「夕焼け」「月の光」など。
c) 人にとってあまりありがたいとは言えない、例えば「土砂降り」「猛暑」
　　「枯れてしおれた花」など。

　大人になると、身近すぎるものは却って想像がしにくかったり、人間にとって迷惑なものや有害なものは、その価値判断が優先されてしまい、自然という

イメージにつながりにくくなるものと思います。しかし、これらはもちろん自然ですし、さらにいうと、地震や竜巻などの災害をもたらす現象や、昆虫の異常発生や伝染病なども自然の一部です。その上で、自然と人間がどのように付き合って行くのかと考える視点が、まずは必要になります。なぜなら、自分にとって都合のいいものだけを自然として認識してしまうと次の例のようなことが起きてしまう恐れがあるからです。

• キャンプ場で管理事務所に「蛙がうるさいから何とかして欲しい」と苦情を言う家族連れ。
• 「外で遊んでらっしゃい、でも服は絶対に汚しちゃダメ」という親。

　子どもにとって、身の回りにある環境は全て等価に存在しているといえます。子どもの側に立って身近な自然環境を捉えるには、身の回りにあるもの全てを等価なものだと考えて、まずは受け入れる態度が必要になります。
　また、以前、ある天文台で行われた観測会に来た親子がいました。保護者の方々が「岡山市内だと星が見えないから普段は全く見ない」と話している様子を見かけました。しかし、岡山市内でも天気のよい日で条件が整えば４等星くらいは見えるし、４等星が見えれば明るい星で構成された星座の形は分かるくらいは見えるものです。「見えない」と思い込んでいると、見えるものも見えなくなってしまいます。まずは、そういった先入観を無くすことも大切です。

2）自然観察の第一歩
　自然観察をするというと、図鑑を持ち出して生き物を分類するというふうに考えるかもしれません。しかし、自然観察の第一歩は、そのようなことをする必要はありません。ここでは、自然物とのかかわりを深めるために、次のような遊びをしてみましょう。以下にａ）からｇ）までの自然観察の視点となるカテゴリーを作りました。まずは、例示している項目を読んでください。それから、この例示以外に、自分の知っている言葉をカテゴリーごとに書き出してみ

ましょう。

a）かたち

円形、球形、四角、三角、ぎざぎざ、ハート型、二また、直線、波型

b）色・見え方

赤、朱色、黄色、レモン色、山吹色、オレンジ、緑、黄緑、深緑、青、青緑、空色、藍色、群青、茶色、こげ茶、黄土色、クリーム色、白、黒、灰色などの色、キラキラ、ピカピカなどの見え方

c）匂い

甘い匂い、湿った空気の匂い、草の匂い

d）手触り

すべすべ、つるつる、ざらざら、ねとねと、ねばねば、さらさら

e）音

サラサラ、じゃらじゃら、サワサワ、ザワザワ、カラカラ

f）動き

ひらひら、ころころ、パタパタ、ゆらゆら

g）そのほか

さわやか、むしむし、ごつごつ、でこぼこ

　次に、a）からg）で取り上げた言葉をイメージできるものを探しに行きましょう。たとえば、「ぎざぎざの葉っぱ」や「サラサラの砂」、「ごつごつした石」、「ざらざらした木」、「ひらひら動く旗」などです。この遊びは、名前を知らなくてもできますし、自然物に直接ふれることで、自然の多様性を発見することができます。この活動を行う場合、園庭や校庭、公園などといった身近な場所でできますので、山や川に出かける必要はありません。これは、大人がやっても色々な発見が得られるので試してみてください。

第3章　自然環境とのかかわり

3）原体験の必要性とその意義

　自然環境とかかわる中で、「原体験」という言葉は一つのキーワードである
といえます。第2章でも原体験にはふれていますが、ここでは、もう少し詳し
く原体験についてふれたいと思います。この言葉は、心理学用語や幼児教育学
辞典にも登場しますので、言葉の整理を含めて山田（1993）の原体験の定義を
みておきましょう。

　　「自然学習や野外などの環境学習で用いている原体験という言葉は、教育心理学で
　用いている原体験（Original experience）とは違った意味で用いています。心理学で
　は「個人の生活体験の中でその個人の人格形成を説明するのに無視することのできな
　いあるまとまりをもった体験」とし、「戦争、大災害、冒険などいずれもその体験が
　自己形成の継続的な契機となっていること」と定義しています（幼児教育学辞典）。
　　環境学習や理科教育の分野では、原体験は「生理的なレベルで体に感じるような体
　験で、たとえば暑いとか寒いとか、ヌルヌル、ベタベタなどの体験」（柴田敏隆）と
　か「人間の五感（視・聴・嗅・味・触）を使っての初歩的な体験」（森田勇造）といっ
　た意味で使われています。そこで、この原体験を心理学でいう原体験と区別するため
　に、"原"をプロトという意味でとらえ、原体験をprotoexperienceとしました。そし
　て、これを「生物やそのほかの自然物、あるいはそれらによって醸成される自然現象
　を触覚・嗅覚・味覚の基本感覚を伴う視覚・聴覚の五官（感）で知覚したもので、そ
　の後の事物・事象の認識に影響を及ぼす体験」と定義しています。（山田卓三・環境
　教育辞典、理科教育学会誌）」（山田卓三（1993）『生物学から見た子育て』裳華房、
　pp.121-122）下線部分は、筆者が引きました。

　このように、原体験とは、人間の五感を通して得られる初歩的な体験であ
り、そうした体験の積み重ねが物事に対する認識にも影響を与えているとされ
ています。そして、この原体験は、次に取り上げている山田・秋吉（2009）に
も示されている通り、好奇心など、人間として生きる力を身につけさせること
を目的とした根源的な体験であることにも注意をしておきましょう。

「原体験は、単に自然認識を深めることだけを目的としたものではない。原体験は好奇心など、人間として生きる力を身につけさせることを目的とした根源的な体験であり、教育の視点でみると360°の方向性をもったものである。原体験を教科の基盤とするためにはその教科の教育的な視点で方向性を与え、知識と結びつけることが大切である。～中略～体験に裏づけされた知識や概念は生きて働く力になると共に、判断力、表現力、思考力、創造性を豊かにすると考えられる。このような観点から幼児や小学校低学年の時期に原体験を豊富に行わせることが必要である。」(山田卓三・秋吉博之編著（2009）『理科教育法』大学教育出版、p.8)

塩原・土井（2002）も、原体験を豊富に行わせる必要性について、「原体験のつみ重ねの中から、事象・事物を比較したり、これらの理（ことわり）や因果関係を発見することができるようになり、気づきが生まれる。これが「科学的な見方」の芽生えである。そして、これは未分化ながら小学校低学年でもみられる」と述べています。

そうしたことを念頭に置きながら、表３−１にある子ども達に是非とも体験させたい基本的感覚と、子ども達が日常生活の中で出会うことのできる原体験の事例を確認しておきましょう。

２．身近な事象を生活に取り入れることとは

１）身近な自然環境について考える手掛かりと、遊びへの発展

身近な生活空間には、さまざまな自然が潜んでいます。雨音ひとつとってみても、雨粒の大きさなどの条件で奏でられる音が異なり、その違いがはっきりと感じられます。日本には、雨の降り方によってそれぞれの呼び方があり、その違いを区別する文化があります。たとえば、五月雨（さみだれ）、霧雨、小雨、土砂降りなどです。現在こそ農業を営む人は少なくなりましたが、農耕文化を築いてきた歴史的背景から、我が国では季節や気象の変化への理解は大変重要なものとされてきました。また現在でも、降っている雨が今後どうなるのか、大降りになるのか、やむのか、といった気象情報は生活の上で必要不可欠

第3章　自然環境とのかかわり

表3−1　「体験させたい基本感覚の事例」と原体験と生活場面

	表現	動物	植物	その他	原体験と生活場面
触覚	ヌルヌル	ウナギ、フナ、ドジョウなど生きている魚、ナマコ、オタマジャクシ	ジュンサイ、ナメコ、イグチなどのキノコ、ワカメ、ミル、モズク	粘土、ヤマノイモのいも	池の石は、日が当たっている表面は乾燥してカサカサしていますが、水につかっている部分はヌルヌルとします。
	ベタベタ		マツヤニ、ヤマノイモ、ワラビなどでんぷんの取れる根や茎		木の下で湿ったやわらかい土はベタベタとしていて、手にくっつきます。
	ネバネバ	ナメクジ、クモの巣	モチツツジの花、モウセンゴケ、イシモチソウの葉	ヤドリギの実の汁	かたつむりを手の平にのせ、手の上を這わせている感触がネバネバとしています。
	ザラザラ	カナヘビ、サメの皮膚、ウシやネコの舌	ムクノキ、ケヤキ、トウモロコシなどの葉		硬くて荒い砂やいろいろな大きさの粒が混じった泥団子の表面はザラザラとしています。
	ツルツル	貝がらの内側、甲虫（カブトムシ、クワガタ、アオカナブン）の羽	ツバキ、ヤツデなどの葉		泥団子を細かい粉のような土で仕上げるとツルツルとなります。
	チクチク	ウニ	アザミ、サボテン、クリのいが		乾燥している落ち葉がチクチクします。大きな松ぼっくりのいぼの一つ一つは尖っているのでチクチクします。
	フワフワ	鳥の胸毛	チガヤの穂、タンポポの冠毛、ワタの実の綿		石鹸を泡立てたクリームがフワフワとしています。ウサギの毛がフワフワとしています。
	ゴツゴツ	ザリガニ、カメ	木のはだ	岩	松の木はだは、ゴツゴツとしています。
	サラサラ			新雪の粉雪、砂	乾いた細かい目のそろった砂はサラサラしています。「サラこな」と幼児が呼ぶものです。

（山田卓三著（1993）『生物学からみた子育て』裳華房、p.125より「体験させたい基本感覚の事例」の触覚部分を抜粋。表現、動物、植物、その他を抜粋し、「原体験と生活場面」を筆者が加筆した。）

69

です。

　子どもは雨の種類の違いを難しい言葉で言える必要はありませんが、多様な季節を感じることができる環境の中で、異なる降り方をする雨があるということを感じたり、擬音語で言ってみたりすることは貴重な体験となるのです。

　大雑把に言えばどれもが同じ「雨」という現象なのですが、細かく見ていけばいろいろと様子が異なり、ものの仕組みや法則、他の現象との関連性があるということに気づくことでしょう。そうすると子どもは本能的に興味をおぼえますし、その興味関心に周りの大人も向き合うことで、単に「興味がある」という状態から「知的好奇心」が芽生えてきます。そして、そのような過程を通じて「感性」が育っていくと考えられます。

　では、どのようにすれば、身近な事象と向き合い、遊びに取り入れるような体験ができるようになるのでしょうか。そのためにはまず、日常的に子どもに接する大人が身近な自然環境にはどのようなものがあるのかを見直すことが必要となります。その手掛かりとして、かこさとしさんの『海』『地球』『宇宙』の三冊は参考になります。これは家の近くにある手の届く自然から始まり、最後はより大きな自然へとつながっていることを感じさせてくれる「自然観」が描かれた良書です。さて、ここからは、①地面、②動植物、③気象現象、④天文現象の４つの視点から身近な自然環境について考えてみましょう。

①地面

　地面は、コンクリートなのか土の地面なのかで足の裏に感じる感触は異なります。砂利道やぬかるみや水溜りにも自然は潜んでいます。時々刻々と長さが変化する影も地面を見ていないと気が付きません。地面に落ちている石ころや砂も興味の対象となります。土であれば、そこには動植物が潜んでいるかもしれません。水溜りがあれば、さざ波がたっているかもしれないし、泥団子に向いているきめの細かい泥がたまっているかもしれません。そこが乾けばひび割れができているかもしれません。子どもにとって、地面は大人以上にすぐ手の届く身近な自然のひとつだといえます。

第3章　自然環境とのかかわり

②動植物

　自然で真っ先に想像しやすいのが、動植物ではないでしょうか。飼育したり栽培しているものもあるでしょうし、空を飛んでいるものもあります。野鳥や昆虫などが舞い込んできたり、地面のひび割れから雑草が生えていたりすることもあります。動植物の多い環境では、ダンゴムシを集める、アリの巣を掘り返す、幼虫を眺める、草花を摘む、草遊びをする、ドングリを転がすなど、興味を持ったり心を動かされたり、対象によってはそれを遊びに取り入れたりすることができます。

③気象現象

　気温や湿度、風、雨や雪、霜や結露、空の雲や虹など、気象現象がもたらす日々の環境の変化は大きいものです。暑い日が続くかと思えば急に寒くなるなど、変化の様子も一様ではありません。特に気候は、生活の快適さを左右するし、時には健康にも重大な影響を及ぼします。冷暖房完備で一見快適な環境が手に入りやすい現代だからこそ、コントロールできない自然を体験することに意味があります。そうした自然に気付くためには、雨なのか晴れなのか、どんな降り方をする雨なのか、空気は湿っぽいのか乾いているのか、空の色や雲の形、風の強さなどに意識を向けるとよいでしょう。夕焼けや夕日の色、雨上がりの朝夕に見えるかもしれない虹などにも気をつけていたいものです。

④天文現象

　季節の元となるのは、地球と太陽の関係です。一年で変わる太陽の高さや日の出日の入りの時間の変化、毎月変化する月の形や見える方角など、普段は気にも留めないかもしれませんが、天文現象は季節を感じられる大切な自然の一部です。日中であれば、昼間に見える白い月、朝夕の太陽の位置により影の長さが季節で変わることに気が付く子どももいるかもしれません。また、影ふみは定番の遊びですが、それ以外にも樹木の影の形を地面になぞって描いてみるなどの遊びもあります。

71

ここでは4つの視点を考えてみましたが、それを横断するような視点もあります。次の2つの事例を紹介しましょう。

　特別支援学校での出来事です。ある児童が「にじにじ～‼」と言うので先生が「2時に保護者が迎えに来ることを言っているのかな？」と思い込んでしまいました。しかし、先生は後から、その日はお昼過ぎの天頂付近に虹が出ていたということを知り、もう少し子どもの様子を見ていれば自分も一緒に見てあげられたのにと悔やまれたとおっしゃっていました。確かに虹は朝か夕方に見えることが多いのですが、条件さえ整えば天頂にかかる虹もあります。

　学童保育での出来事です。児童が「ワニがいるから一緒に見に来て欲しい。」と指導員の先生に言いました。指導員の先生は、街中の用水にワニがいるわけが無いと取り合いませんでしたが、とにかく夢中で「一緒に見に来て確かめて欲しい。」というので、アルバイトの男子学生が児童について行きました。見ると用水の奥の暗くなっているあたりで水が渦巻いていました。時折何かがはねるようにも見えます。「今、ワニが見えたでしょ！」と児童はそれを認めさせようとしました。男子学生は、ワニを見ることはできませんでしたが、ワニではないということも確かめられなかったので「そうだね、ワニかもしれないね。」と伝えると児童の顔は満足した表情になりました。

　これらの事例からわかることは、「子どもと触れ合う身近な大人は、子どもの発見を大切にするべきだ」ということです。この、子どもの視点というのは、いつも大人に色々なことを教えてくれますし、深く考えさせられます。

2）「生活に取り入れる」ということの意義

　幼稚園教育要領の領域「環境」の目標には、「周囲の様々な環境に好奇心や探究心をもってかかわり、それらを生活に取り入れていこうとする力を養う」（下線は筆者による、以下同様）とあります。そのねらいには、「(2)身近な環境に自分からかかわり、発見を楽しんだり、考えたりし、それを生活に取り入れようとする」とあり、興味を持った対象を「生活に取り入れる」ことが重視されているといえます。さらに、「(3)身近な事象を見たり、考えたり、扱ったり

する中で、物の性質や数量、文字などに対する感性を豊かにする」では、感性を育てる過程として、身近な環境を扱うこと、つまり、「取り入れる」ことが要求されていることがわかります。

　では、身近な環境を「生活に取り入れる」ということの意義とは、どのようなことでしょうか。幼稚園教育要領解説（2018）では、次のように述べられています。

　　幼児は身近な環境に興味をもち、それらに親しみをもって自ら関わるようになる。また、園内外の身近な自然に触れて遊ぶ機会が増えてくると、その大きさ、美しさ、不思議さに心を動かされる。幼児はそれらを利用して遊びを楽しむようになる。幼児はこのような遊びを繰り返し、様々な事象に興味や関心をもつようになっていくことが大切である。幼児は身近な環境に好奇心をもって関わる中で、新たな発見をしたり、どうすればもっと面白くなるかを考えたりする。そして、この中で体験したことを、更に違う形や場面で活用しようとするし、遊びに用いて新たな使い方を見付けようとする。幼児にとっての生活である遊びとのつながりの中で、環境の一つ一つが幼児にとってもつ意味が広がる。（文部科学省（2018）「幼稚園教育要領解説」：p.183）

　これらは、子どもが自分から遊びに取り入れるかどうかがひとつの手がかりとなるように思えます。ただし気をつけたいのは、どうすれば「遊びに取り入れている」と大人が判断できるのか、ということになります。具体的な遊びでなくとも、生活の中で自然を取り入れていることもあり得るのです。それは、傍目から見たらじっとしていても、子ども自身は眺めて楽しんでいるかもしれませんし、そよ風がほほに当る感触に夢中になっているかもしれません。そうした体験は、子どもにとってとても大切な時間だといえるでしょう。

　子どもが生活の中で自然に触れながら、季節の変化に気づいたり、身近な事象を生活に取り入れていくことで、自然の事物や現象の意味、特性を理解するための土台ができるといえます。生活に取り入れる、つまり遊びに取り入れるという体験を通して、好奇心や探究心が育まれ、学びの基礎ができるのです。

2008年の小学校学習指導要領が改訂された際には、生活科の目標や内容に「自然のすばらしさや面白さ、不思議さに気付く」という表現が盛り込まれました。こうした自然とのかかわりは、小学校3年生の理科の教科目標にも表れています。そこには、「自然に親しみ、理科の見方・考え方を働かせ、見通しをもって観察、実験を行うことなどを通して、自然の事物・現象についての問題を科学的に解決するために必要な資質・能力を育成することを目指す」とあり

表3-2　領域「環境」・生活科・理科における<u>自然</u>とのかかわり

	領域「環境」 （〜小学校入学前）	生活科 （小学校1、2年生）	理科 （小学校3年生以降）
ねらいと目標	周囲の様々な環境に好奇心や探究心をもってかかわり、それらを生活に取り入れていこうとする力を養う 【ねらい】 (1)身近な環境に親しみ、自然と触れ合う中で様々な事象に興味や関心をもつ。 【内　容】 (1)自然に触れて生活し、その大きさ、美しさ、不思議さなどに気付く。 (4)自然などの身近な事象に関心をもち、取り入れて遊ぶ。	【生活科の教科目標】 具体的な活動や体験を通して、身近な生活に関わる見方・考え方を生かし、自立し生活を豊かにしていくための資質・能力を次のとおり育成することを目指す。 ◆「知識及び技能の基礎」に関する目標 (1)活動や体験の過程において、自分自身、身近な人々、社会及び自然の特徴やよさ、それらの関わり等に気付くとともに、生活上必要な習慣や技能を身に付けるようにする。 ◆「思考力・表現力・判断力等の基礎」に関する目標 (2)身近な人々、社会及び自然を自分との関わりで捉え、自分自身や自分の生活について考え、表現することができるようにする。 ◆「学びに向かう力、人間性等」に関する目標 (3)身近な人々、社会及び自然に自ら働きかけ、意欲や自信をもって学んだり生活を豊かにしたりしようとする態度を養う。	【理科の教科目標】 自然に親しみ、理科の見方・考え方を働かせ、見通しをもって観察、実験を行うことなどを通して、自然の事物・現象についての問題を科学的に解決するために必要な資質・能力を次のとおり育成することを目指す。 ◆「知識及び技能の基礎」に関する目標 (1)自然の事物・現象についての理解を図り、観察、実験などに関する基本的な技能を身に付けるようにする。 ◆「思考力・表現力・判断力等の基礎」に関する目標 (2)観察、実験などを行い、問題解決の力を養う。 ◆「学びに向かう力、人間性等」に関する目標 (3)自然を愛する心情や主体的に問題解決しようとする態度を養う。

第3章　自然環境とのかかわり

	内容の取扱いより抜粋	内容の取扱いより抜粋	○「自然に親しみ」について
自然とのかかわりに関する事項	(2)幼児期において自然のもつ意味は大きく、自然の大きさ、美しさ、不思議さなどに直接触れる体験を通して、幼児の心が安らぎ、豊かな感情、好奇心、思考力、表現力の基礎が培われることを踏まえ、幼児が自然との関わりを深めることができるよう工夫すること。 (3)身近な事象や動植物に対する感動を伝え合い、共感し合うことなどを通して自分から関わろうとする意欲を育てるとともに、様々な関わり方を通してそれらに対する親しみや畏敬の念、生命を大切にする気持ち、公共心、探究心などが養われるようにすること。（文部科学省（2018）「幼稚園教育要領解説」pp.199-200）	(1)地域の人々、社会及び自然を生かすとともに、それらを一体的に扱うよう学習活動を工夫すること。 (2)身近な人々、社会及び自然に関する活動の楽しさを味わうとともに、それらを通して気付いたことや楽しかったことなどについて、言葉、絵、動作、劇化などの多様な方法により表現し、考えることができるようにすること。また、このように表現し、考えることを通して、気付きを確かなものとしたり、気付いたことを関連付けたりすることができるよう工夫すること。（文部科学省（2018）「小学校学習指導要領解説生活科編」pp.67-68）	理科の学習は、児童が自然に親しむことから始まる。ここで、「自然に親しむ」とは、単に自然に触れたり、慣れ親しんだりするということだけではない。児童が関心や意欲をもって対象と関わることにより、自ら問題を見いだし、それを追究していく活動を行うとともに、見いだした問題を追究し、解決していく中で、新たな問題を見いだし、繰り返し自然の事物・現象に関わっていくことを含意している。児童に自然の事物・現象を提示したり、自然の中に連れて行ったりする際には、児童が対象である自然の事物・現象に関心や意欲を高めつつ、そこから問題意識を醸成し、主体的に追究していくことができるように意図的な活動の場を工夫することが必要である。（文部科学省（2018）「小学校学習指導要領解説理科編」pp.12-13）

ます。幼児期における自然とのかかわりを遊びに取り入れた活動は、生活科においては、身近な生活に関わる見方・考え方を生かし、自立し生活を豊かにしていくための資質・能力の育成へと発展し、理科では、自然に親しみ、自然の事物・現象についての問題を科学的に解決するために必要な資質・能力の育成を目指すことにつながります。今、目の前にいる子どもが将来どのような学びを経験するかを理解することで、活動への意味付けがより確かなものになるでしょう。表3－2に「領域「環境」・生活科・理科における自然とのかかわり」を示しましたので、参考にしてください。

第2節　植物・動物・季節への興味関心を育む環境づくり

1．植物とのかかわり　〜園庭の自然環境を利用して〜

　子どもが自然環境を身近に感じて、そこから感じたことや気付いたことを遊びの中で生かすには、どのような環境づくりをする必要があるでしょうか。

　ここでは、植物に関する自然遊びの教育的価値やK幼稚園での事例を読みながら、子どもが植物に対して親しみをもてる環境づくりについて考えてみましょう。

1）植物に親しみをもつ

　植物は、人が食べるために育てる作物や四季を楽しむために手入れする栽培植物、そして勝手に自生する雑草など、いくつかに分類をすることができると思います。作物を育てる過程は、食への感謝といった情操教育につながるといえますし、栽培植物は、季節感を味わい、楽しむ対象となります。また、雑草は、子ども達が草花遊びやおままごとをする際の格好の材料となります。就学前施設や学校の庭には、これらの植物がバランスよく構成されており、特に幼児期や小学校低学年の子ども達は、身近な植物を用いた遊びから、さまざまな気付きを得ているといえるでしょう。

　人見・小村（2009）は、「子どもの自然遊び体験に関する調査」の中で、植物に関する自然遊びの教育的価値の多さについて次のように述べています。

　　「植物の特徴に気付き、見付け、比べ、他のものにたとえたりしながら特徴を理解でき、気付きの質が高められると考えられる。また、遊びながら草花に愛着を持ち、自然を大切にする心が養われると考えられる。例えば、タンポポの在来種と帰化植物との花の違いに気付いたり、葉や実の形や大きさの違いなどに気付いたりすることなど、視覚を通した気付きをはじめ、風にゆれる音、手触り、匂い、味などの五感を通した多くの気付きが得られると考えられる。」（人見久城・小村紀子（2009）「子どもの自然遊び体験に関する調査」『宇都宮大学教育学部教育実践総合センター紀要』32：p.228）

第3章　自然環境とのかかわり

　また、彼らはこの調査において、自然遊びを12のカテゴリーに分類した上
で、現代の子ども達は「草・野原遊び」、「田んぼ・川遊び」、「身近な素材で
作ったものでの遊び」の経験率が低いと述べています。これらの自然遊びを経
験しにくい理由として、季節が限定される、遊ぶまでに手間や時間がかかるな
どの特徴が見られることを取り上げています。そうしたことから、教育機関と
して、現代の子ども達が、経験が少ないとされる遊びを十分に展開できるよう
な環境を用意する必要があるといえます。では、植物への親しみを感じさせる
ためには、具体的にどのようなことに留意をすればよいのでしょうか。K幼稚
園の4つの事例をもとに、考えてみましょう。

【事例1】その季節ならではの出会いを大切にした活動を行う
〜ウメのみって、いいにおい〜

　6月下旬、園庭の果樹めぐりをした際、ウメの実を見つけました。緑色の堅そうな実や
熟した黄色の実がたくさんついていました。熟れたウメの実を鼻でふんふんとかいだ3歳
のA児は、「いいにおい〜」とうっとり。保育者が「これで、ジュースを作れるんだよ」と
いうと、A児は、「ジュース、つくってみたい！」と期待感をいっぱいに膨らませていいま
す。A児の他にも、ジュース作りをしたい子ども達は、ウメの実の収穫に夢中になりました。
皆で2kg近くのウメの実を収穫した後、水洗いをし、1日乾かしました。次の日、実を保
存袋に入れて冷凍保存（冷凍することで、実の繊維が壊れ、エキスが出やすくなります）。
その後、冷凍したウメの実1kgと氷砂糖1kgを果実酒ビンに入れました。「ああ、いいに
おい〜」と、冷凍ウメでも香りがします。B児は「つめたーい！」と言いながら、何度も果
実酒ビンをさわっていました。ビンにウメの実を入れれば、すぐにジュースができると思っ
ていた子ども達は、1日のうちに何度も見に来ては、「まだかー」と残念そう。保育者が
「あと、7回寝たらできるの、明日の明後日の…明日ね！」というと、納得した様子。来週に
は、きっと美味しいウメシロップができていることでしょう。（K幼稚園の保育記録から）

　K幼稚園は、自然体験活動を大切にしており、園庭には、数種類の果樹を植
え、雑草をそのままにした草原や小さな畑も作るなどして、季節に応じた植物
にふれられる環境を整えています。

　「梅雨は梅の季節」といわれるように、ウメの実は、梅雨の雨によって実に
十分な水分を蓄え、日光を浴びて大きくなります。梅は、実を付けてから熟す
までの期間が短いため、収穫時期を逃すと、あっという間に実が落下してしま
います。その季節ならではの出会いを大切にするためには、園内の植物をよく

77

把握し、いつの時期に開花・収穫するか、また、花や実をどのように保育・教育活動に取り入れるかといった見通しを立てる力が求められます。【事例１】では、ウメの実のにおいをかいだA児の「いいにおい〜」の言葉に反応した保育者が「ジュースを作れるんだよ」といって、次なる活動へと発展させようとしています。

【事例２】五感を通して、確かめる　〜あかん！だって、ざらざらやもん〜

K幼稚園の畑では、用務員さんが四季の収穫を考えながら、子ども達のためにさまざまな種類の野菜を育ててくださっています。用務員さんから、「スナップエンドウ、もう食べないと、どんどん黄色くなってくるよ」と教えてもらったので、花当番のH児とJ児とともに収穫をすることにしました。たしかに、少し生長しすぎて緑色というよりも黄緑色になっています。保育者が「よく見て、なるべく緑色を探してね」と言った矢先、H児が「あ、アカン！」と収穫しようとつまんだ豆のさやを放しました。H児は、「だって、ザラザラやもん！」とアカン理由を話します。「え、そう？」と保育者はそのさやを見ました。なるほど。スナップエンドウ特有のツヤッとしたさやのハリが表面にはありません。「ほんとやねえ」と、それからは緑色でツヤツヤのものを探して収穫しました。（K幼稚園の保育記録から）

大人は、たとえば、緑色の実を見れば、堅そうだなと予想し、まだ食べられないと判断をしようとします。つまり、これまでに蓄積したさまざまな経験があるため、視覚的な情報を優先してしまいがちになるといえます。【事例２】では、黄色くなったスナップエンドウではなく、緑色のものを収穫するように子ども達に伝えていますが、H児は、観るだけではなく、豆のさやをさわり、「ザラザラやもん」といって、収穫してはだめだと判断しました。植物とのかかわりでは、観るだけではなく、実際にさわったり、においをかいだりしながら、五感（見る・聞く・さわる・においをかぐ・味わう）を通した実感の積み重ねが判断力を養う上で重要になるといえます。

【事例３】植物の成育サイクルを知る
〜ミカンのたねまき、なかなか、めがでないね〜

12月上旬、園庭に生えているミカンを収穫する時期です。収穫では、ミカンの数に限りがあるため、１人１つを選んで収穫するというルールを設けています。どれがいいかと前から横からと見る角度を変えながら、「これがいいなあ」「どれにする？」「ここ、みどりいろやし…、ちがうのにしよ」と真剣に選ぶ子ども達。収穫後、テラスに用意したテーブルの上に収穫したミカンを置き、早速、試食しました。５歳児のB児がミカンを二つに

第3章　自然環境とのかかわり

わけると、中から大きな種が出てきました。「おいしいね」「あま～い」といって食べながら、種を一粒ずつ取り出していきます。「せんせい、このたね、うえたらめがでてくるの？」とB児。「植えてみようか」と保育者がいうと、満足そうな笑顔を向けて「うん！」と一言。次の日、B児とともに、園庭に置いてあるプランターに20粒ほどのミカンの種を蒔き、土が乾燥しないようにサランラップをかけて屋外に置いておきました。1週間経っても、2週間経っても、芽はなかなかでません。そのうち、B児の種に対する関心も薄れはじめ、冬休みを迎えました。種まきから1ヶ月が経った冬休み後、B児が「せんせい！みてみてー」と保育者を呼びにきました。「めがでてきた！」と、大喜びの様子。ちょこんとした可愛らしい緑色の芽が、一つだけ土から顔を出していました。（K幼稚園の保育記録から）

　種を植えて育てることを通して、植物の成育サイクルを知ることができます。5歳頃になると、園での栽培経験もあるため、種を土に植えると芽が出るということを体験的に知っています。園での栽培活動で用いられる種子は、たいていホームセンター等で購入されたものでしょう。ホームセンター等で種子を買うと、袋の裏側に「発芽率○％」と書かれています。たとえば発芽率80％の場合、「100個の種子のうち80個程度が発芽する」という意味であり、人工的に発芽率がコントロールされたものです。自然界ではどうでしょうか。植物の生長は、その年の気象条件に大きく左右され、収穫した種子の大きさも大小さまざまです。【事例3】では、種まきから1ヶ月経ってようやく芽が出ました。人工的にコントロールされた種ではないため、芽が出る確率はわかりません。種子の発芽条件は、「水、温度、空気」を揃えることであり、生長過程では、「水・日光・肥料」が必要になります。これらは、小学校以降で学ぶことです。

　芽が出ないという体験も大切にすることで、植物の発芽条件や生育条件を知るきっかけになります。成育サイクルを知ることの中には、芽が出て育つ過程を知ることだけでなく、「芽がでない、なぜだろう？」と考える価値も重視してほしいと思います。

【事例4】遊びを通して、自然の変化・多様性を楽しむ
～イチョウの葉っぱ、きいろいじゅうたんみたいだね～

　K幼稚園の園庭には、大きなイチョウの木が生えています。11月上旬、イチョウの葉が緑色から黄緑色へとだんだんと変化してきました。日に日に黄色の葉っぱが増えていきます。11月中旬になると、黄色の葉っぱが一斉に落ちはじめ、木の周りには、黄色い絨毯

79

ができていました。子ども達は、登園するなり、「うわ～、イチョウのはっぱがいっぱいや～！」「きいろいじゅうたんみたい」と園庭の様子にすぐ気が付きました。早速、子ども達は、落ちているイチョウの葉で遊び始めました。雪のように降り積もった葉を、フワ～ッと空に向かって投げたり、積み上がって山のようになったところを布団に見立てて寝転んだり、そのうち、「あ、こんなふしぎなはっぱ、みーつけた！」と友達と一緒に葉っぱを見比べたり、黄緑色や黄色の葉を集めて花束を作ったり…。いろいろな遊び方が思うままに自由にできるのが、自然物の素晴らしいところです。（K幼稚園の保育記録から）

　【事例４】からもわかるように、イチョウの葉っぱの移り変わりは、11月上旬から11月中旬（約２週間程度）と、移り変わりは早いです。自然物を取り入れた遊びを企画する際には、しっかり準備をしておかないと、あっという間に時期を逃してしまいます。そのため、季節に応じて身の回りの自然環境にはどのような変化があるか把握をしておく必要があります。特に秋から冬にかけて、葉の色の移り変わりは目を見張るものがあります。さて、皆さんは、なぜ、イチョウの葉が緑色から黄色へと変化するかを知っていますか。葉の中には、クロロフィルと呼ばれる緑色の色素とカロチノイドと呼ばれる黄色の色素があります。緑色の色素は葉緑体であり、光合成に必要なものとなります。秋になると、日照時間も短くなり、光合成でつくられる栄養分から得られるエネルギーよりも葉を維持するために消費されるエネルギーのほうが大きくなり、落葉がはじまります。同時に、緑色の色素も不要になるため分解され、黄色の色素が目立ち、黄葉となるのです。黄色の色素が少ない葉は白に近い色になります。

　子どもは、イチョウの葉をつかって、布団に見立てたり、花束を作って遊びを楽しむうちに、葉の形や色の違いに気付きます。子どもが、「なぜ、緑色から黄色になるの？」と尋ねた時、保育者・教師として、科学的視点からも答えられるでしょうか。

　以上、植物への親しみを感じさせるための留意点について、【事例１】その季節ならではの出会いを大切にした活動を行う、【事例２】五感を通して、確かめる、【事例３】植物の成育サイクルを知る、【事例４】遊びを通して、自然

の変化・多様性を楽しむの4点を取り上げました。この他にも、留意点はあると思います。皆さんの保育・教育実践の中で、見つけてみましょう。

2）栽培植物の選定条件とは

　小学1年生の頃、皆さんには、アサガオを育てた経験があるのではないでしょうか。なぜ、アサガオが教材として適しているのか、それには理由があります。アサガオは、植物の基本的な生長過程である「種→双葉→本葉→つる→つぼみ→花→種」という一連のサイクルを変化とともに体験的に学ぶことができ、比較的乾燥にも強いので栽培しやすいという利点があります。また、生長過程において、伸びてきたつるを支柱で支える必要性も学べますし、開花時期には花が毎日咲くため、咲いた花を色水遊びや染め物にも活用できます。花で遊んだ後、つるはリース状にして乾燥させ、製作活動に使うこともできます。最後に種を収穫し、その種を次の1年生にプレゼントすることもできます。このように、アサガオは、多種多様な体験を積むことができるという教材の価値があります。

　園や学校といった教育機関において栽培活動を実施する際には、以下の6点を留意事項として、対象を選ぶ必要があります。①数ヶ月間の短期間に育ち、成長の変化がみられるもの、②子どもが育てやすく、自分から進んで世話ができるもの、③危険や害毒を与えないもの、④身近にあって、入手しやすいもの、⑤見るだけではなく、遊びに活用できたり、食べられるもの、⑥施設環境を考慮した上で、育てられるものです。種を蒔いても芽がでなければ、子どもの関心は薄れてしまいますし、せっかく育てても、子どもの休みと収穫時期がかぶっていては、収穫を皆で楽しむことができません。また、身近で入手しやすい植物を選ぶことによって、家庭でも作物を育てるという経験をさせることにつながりますし、花や実、つるを遊びに活用してかかわることで、植物そのものへの関心を高める効果が期待できます。育てるという過程を通して、保育者・教師自身が、子どもに何を知ってほしいか、学ばせたいか、この経験が将来どのように生きるのかと想像するといった、ねらい、目的、見通しのある活

動をするところに、教育的価値を見出すことができるのです。以下に、園や学校で扱われる代表的な植物を掲載しましたので、これらの教材の価値とは何かについて考えてみてください。

園や学校で扱われる代表的な植物

①草花（小低…小学校低学年で扱われる教材、小中…小学校中学年、小高…小学校高学年）
アサガオ（小低）、ホウセンカ（小中）、オジキソウ（小中）、マリーゴールド（小中）、コスモス（小中）、マツバボタン（小中）、オジギソウ（小中）、アブラナ（小高）、キンギョソウ、グラジオラス、サルビア、ヒマワリ、チューリップ、ヒヤシンス、スイセン、ダリア、パンジー、クロッカス、ヤマユリ、等
②実がつく草花
アメリカセンダングサ、オナモミ、イノコズチ、ヌスビトハギ、ヤエムグラ、ジュズダマ、等
③野草
アカツメクサ、スミレ、ハコベ、アレチノギク、カヤツリグサ、オミナエシ、クズ、ノジギク、フジバカマ、シロツメクサ、カタバミ、カラスノエンドウ、スズメノテッポウ、ツユクサ、タンポポ、エノコログサ、メヒシバ、オヒシバ、オオバコ、カモジグサ、ヤブカンゾウ、ヤブジラミ、オドリコソウ、等
④野菜（小低…小学校低学年で扱われる教材、小中…小学校中学年、小高…小学校高学年）
エダマメ（小低）、ハツカダイコン（小中）、ヘチマ（小中）、サツマイモ（小中）、キュウリ（小高）、ジャガイモ（小高）、トマト、ナス、トウモロコシ、ダイコン、ニンジン、コカブ、チンゲンサイ、コマツナ、ホウレンソウ、ネギ、タマネギ、等

3）自然環境マップづくり

　自然環境の変化を共有していくためには、保育者・教師同士は、その日に気付いたり、見つけた自然事象や変化を話し合い、記録に残しておくことが重要です。その記録を自然環境マップにすることで、四季の自然をより身近に感じ、時期を逃すことなく子どもに伝えることができます。作成の一例として、表3－3に掲載しましたので、参考にしてください。

第3章　自然環境とのかかわり

表3－3　幼稚園内外の自然環境作成例

自然環境	4	5	6	7	8	9	10	11	12	1	2	3
サクラ	花 蕾	実 実	実 実	葉	実	色づく葉	紅葉・実	落葉 新芽	全部落葉	枝のみ	枝のみ 新芽	新芽ほころぶ
ウメ	葉 実	実の収穫	実 実	余分な実落とす	実る	色づく葉	紅葉	実の収穫	枝のみ	枝にふくらみ	花がちらほら咲く	花がほぼ咲き始める
カキ		実 実	実 緑葉	緑	実る	実 緑葉	色が変わる葉	実の葉 銀杏	紅葉 落葉	枝のみ	新芽	実 緑葉
イチョウ	新芽	新緑	緑葉	緑	葉	緑葉	黄色に変わる葉	黄色の葉 銀杏	落葉	枝のみ	枝のみ	緑
クスノキ	落葉	新緑	緑葉	実 実	葉	花	葉	葉	緑	葉	緑	緑
ザクロ	新芽	花で咲き始める	花	実 実	葉	花 実	実	実が黄色に変色	黄色葉	化が散る 化が散る	枝のみ	花 葉
リンゴ	新芽	葉 実	豆 実	実 実	実る	実	黄色の葉	葉が赤くなる	化などなる	化が黄色くなり落葉	枝のみ	枝 葉
アジサイ	新芽	小さい蕾 実	花	花が枯れる 葉	実	葉	実	葉		化が緑色くなり落葉	枝のみ	枝
タケ		若竹の竹 実	花	七夕の竹		葉			葉			枝
ツタ	新芽	若竹の生長 実	落葉 実	緑葉	葉	葉	紅葉	色が調色に 落葉	落葉	枯れの枝 枯れ落ちる	白いつた	緑葉
モモ	葉 実	実の収穫	落葉 実	緑葉	花 花	実	落ちる	葉が調色	落葉	枝のみ 豆白くつ	白いつた	緑落ちる
カエデ	新芽	緑葉	緑葉	緑葉	実 花	葉	紅葉	落葉	落葉 花	枝のみ	枝	豆白ら
エンジュ	蕾	花	花	花 花	花	花 実	花 落ちる	落葉 豆	落葉 豆	葉 豆紅ら実	枯れ落ちる	豆紅ら実
バラ	葉 花	実 実	花	葉 実	葉 花	花 落葉	花 落ちる	落葉	枝	花落葉くなり落葉	花落ちる	葉
コキヤナギ	葉	花 蕾	葉 花	葉	葉 花	葉	黄色の葉	落葉	枯れつる枝	枝のみ 葉のみ	葉	新芽
フジ	花 実	小さい実 実	豆 実	実 実	実	葉	黄色の葉	落葉	枝のみ	落葉	落葉	新芽
ツツジ	花 葉	花	葉 花	葉	葉	葉	実 落ちる	葉	落葉	落葉	新芽	新芽
キンモクセイ		花 花	実 実	葉が増する		葉		葉	枝	枝		若葉
スギナ	ツクシ	葉	葉			葉						ツクシ
クワイヨ	葉	花 花	実 実	実	実	葉		葉				
タンポポ	花 葉	開花	葉 実	実	実	葉		暗が緑の葉もある	落葉		葉 花	
カラスノエンドウ	花 葉	花 豆	豆が黒くなる			葉		茶色の実	枯れる	枯れる	枯れる	花
スミレ	葉 花											葉 新芽
ヨモギ	伸びる 葉	伸びる	伸びる			花 実	花 落葉	花が咲き始める	枯れる	枯れる	枯れる	新芽
ミツバアケビ	花が咲く	葉伸びる	葉伸びる		花	(実)	花 落葉	落葉	落葉	枯れる	枯れる	枯れる
ノミノフ	葉											受粉

2．動物とのかかわり　〜4つの視点から動物とのかかわりを深める〜

　子どもは、色々な動物に興味を示しますが、眺めることしかできないものもあれば、捕まえたり飼育したり繁殖させたりできるものもあります。ここでは、①観察する、②捕獲・採集する、③飼育する、④繁殖させる、といった4つの視点から身近な動物とのかかわりについて考えます。動物との色々な関わり方を意識することで、幅広い体験をすることが可能になるでしょう。

1）観察、捕獲・採集、飼育、繁殖という4つの視点

①観察する

　動物を飼育しながら観察することもできますが、まずは、身近にどのような動物がいるのかを探して、近づいて、観察してみましょう。飼育することのできる動物は限られていますし、技術や手間も必要となります。その点「観察」であれば、園や学校の内外の色々な場所で取り組むことができます。身の回りにどのような動物がいるのかを観察することで、飼育しているだけではわからない、動物の様子を知ることができます。

　　a）地面の動物たち

　　　　トカゲやヤモリなどの爬虫類、カタツムリなどの陸貝、アリやダンゴムシやミミズなど、地面の表面や地面を掘り返すことで見つけることのできる動物は最も身近なもののひとつです。手に取ることができるものもいれば、すばやく逃げるものもいて、子どもの興味を強く惹きつけます。

　　b）樹木の動物たち

　　　　園庭や校庭の樹木には季節ごとの野鳥が飛んできたり、カメムシやコガネムシやシャクトリムシなどの昆虫が葉っぱを食べていたり、クモが網を張っている様子を見ることができるなど、動物の貴重な住処になっている場合が少なくありません。観察をすることで、季節によって様子の異なる樹木と、そこにやってくる動物の関係も知ることができます。

第3章　自然環境とのかかわり

c）空中の動物や昆虫たち

　　空を飛ぶ鳥や昆虫は、捕獲することが難しいものもいますが、チョウや
トンボなどの昆虫は子どもでも捕まえられ、様子をじっくりと見ることが
できます。川原などに出かければ、カモやユリカモメなどの渡り鳥に出会
うことができるかもしれませんし、窓からでも、遠くの電線に留まってい
るカラスやトンビなどを見ることができます。

d）水中の動物たち

　　園内や校内に池がある場合や、園校外の用水などに出かける場合は、お
たまじゃくしやカエルなどの両生類、フナやヒメダカなどの魚類、ゲンゴ
ロウやトンボのヤゴなどの水棲の昆虫、タニシやカワニナやモノアラガイ
などの貝などを見つけることができるかもしれません。岡山市内の街中を
流れる西川にはウナギなどの希少種を含む何十種類もの魚がいますが、普
段気にもかけないと、ただ水が流れているだけの用水にしか見えません。

　このように、あらゆるところに動物や昆虫は潜んでいます。石の裏、木の
洞、建物と地面の境目など、普段見ないところに隠れているかもしれません。
また、巣を作っているものもいるだろうし、蛹や卵などは動いていませんが、
やがてそれらが孵化したり羽化するという現象を目の当たりにする時、生命の
不思議を感じることができるでしょう。

【事例5】「どく、あるのかな？」ツマグロヒョウモンとの出会い

　6月下旬、K児が「せんせい、すごいがらのむしがいる」と、パンジーのプランターを
指さして、教えてくれました。見に行くと、真っ黒の体にオレンジ色の毛のようなものが
生えているイモ虫が葉っぱにくっついていました。「どく、あるのかな」とK児。図鑑で
調べると、ツマグロヒョウモンというチョウの幼虫で、毛と見えるものは突起で、毒がな
いことがわかりました。正体がわかると、安心した様子で、イモ虫を見守ることになりま
した。また、プランターを見ると、ツマグロヒョウモンと思われるサナギが何個かぶらさ
がっています。サナギをよく見ると、金箔のように光る点々が見えました。保育者が「う
わ～、ほらほら、キラキラ光るところがあるよ。きれいなサナギだね～」というと、K児
は、「サナギって？」と聞き返しました。保育者が「イモ虫がこの形になってから、チョ

ウチョになるんだよ」というと、K児は「チョウチョになるの?」と不思議そう。

その後、園庭にて、オレンジ色にヒョウ柄のあるチョウチョが飛んでいる姿を見かけました。K児は、「ツマグロヒョウモンだ!」といって、喜んで見ていました。(K幼稚園の保育記録から)

②捕獲・採集する

　捕獲したり採集したりすることは飼育をすることにつながりますが、飼育ができなくても、まずは捕まえてみることで、その様子を観察することができます。もちろん、むやみに捕まえてはいけない動物もいます。それは珍しい動物でむやみに捕獲することが禁じられている野鳥や、ミツバチなどの危険な動物などです。もしその判断が難しければ、近くの科学館などの職員に聞いてみるといいでしょう。また、捕獲するときには、動物を傷つけないように気をつけなくてはなりません。捕獲するには、虫捕り網や魚捕り用の網を使用したり、虫かごやバケツなどが必要となる場合もありますし、手でつかめるものもいます。動物を捕まえるには、先ほどの観察と同様に、次のような様々な場所を手がかりに探してみると良いでしょう。

　　a）陸の動物（地面、樹木、空中）

　　　セミ、トンボ、モンシロチョウ、アリ、カタツムリ、ダンゴムシ、ミミズ、バッタ、コオロギ、カマキリ、コガネムシ、クワガタムシ、トカゲ、カエル…これらの動物たちは、身近な環境にいることが多いですし、普段はいなくても、たまに園庭や校庭に迷い込んでくることもあります。

　　b）水の動物（池や用水）

　　　タニシ、メダカ、フナ、ゲンゴロウ、ミズスマシ、モノアラガイ、トンボのヤゴ…水の中の動物は、そこに生えている水草などの植物も合わせて採ってくることで、より飼育しやすくなります。

第3章　自然環境とのかかわり

c）卵や抜け殻や蛹や幼虫など

　カタツムリの卵、セミの抜け殻、昆虫の卵や繭、幼虫、蛹の抜け殻…これらを採集し、観察することによって、より命に対する認識が強くなると思います。生命観を育む上で、個体が生まれたり次の世代の子孫を残したり、やがては死んで行く様子を見ることは、生命の本質を理解する上で重要であるといえます。

【事例6】パタパタパター！ヒュ～ン！「あ、いた！」

　10月、草むらを歩いていると、パタパタパター！ヒュ～ン！とバッタが飛び出し、「あっ、いた！」「どこどこ？」とバッタの行方を目で追いかけるI児とT児。手で捕まえようとしますが、バッタの方が素早く動きます。あわててかけ寄るI児の気配に、バッタはピュ～ン！と枯草の中に素早く身を隠します。草の下の方では、跳ばないけれども何やらゴソゴソとした動きがあります。「ここに、いる！」のI児の声に目を凝らすと、黒い大きなコオロギがいました。ちょっと手を出すのをためらいそうな姿ですが、「つかまえたい！」という気持ちがコオロギに向きます。以前、「てで（虫を）つかまえるのがにがてやねん」と言っていたT児が、「つかまえられた～！」と誇らしげに虫かごの中のコオロギを見せてくれました。聞いてみると、虫を手で捕まえたのではなく、虫かごの入口をコオロギに向け、追い込んだようです。T児の作戦勝ちです。（K幼稚園の保育記録から）

③飼育する

　飼育の簡単なものもあれば、難しいものもありますが、どんなものでもいいので、何らかの動物を飼育してみましょう。日々の様子を見ることで、生命の本質を身近なものとして感じることができるようになります。この時、自分たちで捕獲してきたものだけでなく、カメ、ウサギ、ラット、ニワトリ、ジュウシマツ、スズムシ、カブトムシ、金魚など、普通に捕獲できない動物でももちろん構いません。飼育にはそれなりの設備と準備が必要となるので、その動物をよく知っている人や図鑑などの情報をもとにして、すぐに死んでしまわないように配慮をする必要があるでしょう。

87

【事例7】カメとのかかわり「Sちゃんのえさ、たべたよ！」

　4月中旬、家庭から離れて集団生活をする3歳児は、楽しみと不安が入り混じった気持ちで毎日を過ごします。この時期は、園生活において、保育者とともに過ごし、行動することで安心感が得られるため、子どもは保育者の様子をよく見て真似をしようとします。飼育活動は、当番制でなく、保育者がケージを掃除したり、水を換えたりなど、生き物の世話をします。その保育者の様子をみて、子ども達が保育者の周りに集まってきました。

　保育者がえさ入れのふたを開け、カメにえさを与えようとすると、「えさ、ちょうだい！」「わたしもあげたい！」「わたしも…」と子ども達。保育者が「うん、わかった。カメにごはんをあげようね。手をお皿にしてね」と粒のえさをS児の手にのせると、指を開いてしまい、えさが床にこぼれてしまいました。S児は、「あっ！」といいながらも、床にひざまずいて丹念に落ちたえさを探して拾っては、カメの水槽にポトリポトリと入れて、じーっと見ていました。自分があげたえさをカメが食べると、「ああ！食べた。Sちゃんのえさたべた！」と喜びます。何人もが同時に餌をやっているのに、【自分のは…】と目で追ってカメが食べたことをちゃんと確認します。そして、自分がしたこと（＝えさをあげたこと）に対する、カメの反応を期待して待ち、食べてほしいと思った通りになったことに大きな喜びを感じていました。

　こうした中で起こる生き物の反応に対し、教師も驚きや喜びの声をあげると、子ども達はその驚きや喜びが何によって生じたのか注目し、自分も同じように共感しようとします。保育者の動きを通して、子どもが驚きや喜びを共有し、生き物への親しみを感じる心情面の育ちへとつながっていきます。こうした日常が積み重なり、生き物へのかかわりが、自分の楽しみや興味につながっていくと、自分から生き物にかかわりをもとうとします。（K幼稚園の保育記録から）

④繁殖させる

　最初は卵だったモンシロチョウが、最初は卵から孵化して幼虫になり、やがて蛹へと変態し、最後に成虫として羽化する様子は、飼育していないとなかなかお目にかかることができません。カマキリの卵から成虫と同じように鎌を持ったミニサイズの幼虫が孵化する様子も、生命の不思議に出会える機会となるでしょう。こうして、生命の誕生や成長、世代交代などを身近に感じることは、生命観を育む上で単に観察したり、捕獲・採集したりするだけではできない体験だといえます。さらに進んで、子孫を残して繁栄して行く様子まで身近に体験することができれば、生命の尊さを理解することはもとより、神秘的な感覚すら持つかもしれません。何世代にもわたる飼育・繁殖ができれば、命というものが単一世代で終わるものではなく、次の世代に引き継がれていくものであることがよくわかるようになります。そして、命の限りについても、繁殖させる取り組みの中で、知ることができます。

第3章　自然環境とのかかわり

【事例8】「あたためたら？」「ふいてあげたら？」なぜ、おぼれてしまったんだろう

　11月中旬、チャボの雛が生まれているのを動物当番の子ども達が見つけました。少し体が冷えていたのですが、お母さんがお腹の下で温めて、ピヨピヨ、ピーピーとかわいい声で鳴いていました。
　5日後、登園した子ども達が園庭で遊ぶ中、4歳児の保護者の方が「先生、ヒヨコが水入れに浮かんでいます！」と知らせてくださった時にはもう息がありません。今にも生き返りそうなヒヨコの姿に、子ども達は、とても死んだとは思えなかったのでしょう。「あたためたら？」「ふいてあげたら…」など、何かできることはないかと話していたり、「なんで大人の水入れに入ったんやろう？」と原因を考えたり、「赤ちゃん用のお水入れを置いといたらよかったのに…」（浅いお皿を2枚も置いていたのですが…）、「名前を早く付けてあげたらよかったなぁ」と、何かできなかったのかと、悲しそうにしている子ども達の姿がありました。
　M先生は、ヒヨコが大人用の餌を食べようとしたり、チャボのお母さんが床にこぼれた水を飲んでいると、同じように床の水を飲んだりして、お母さんのすることを真似している様子を見て、「本当にお母さんのするとおりだわ」と、微笑ましく思ったそうです。そうした様子があったことを子どもたちに伝えると、「だから大人用の水を飲みたかったのか」と、大人用の水入れで溺れてしまったことに納得したようでした。その後、動物当番の子どもからは、「おかあさん、あちこちをさがしてるみたいやった」「おかあさんのなきごえが、いつもよりちいさかった」「げんきがなさそうな、かおやった」など、子どもを失った親鶏を思いやる言葉が聞かれました。名前もないままの短い命だった雛でしたが、子どもたちの心に命について考える経験を与えてくれました。（K幼稚園の保育記録から）

　ここでは、観察、捕獲・採集、飼育、繁殖という4つの視点を用いた動物とのかかわりについて述べました。私たちの身近には、さまざまな種類の動物がいますので、自分達が取り組みやすいものからはじめてみましょう。

2）普段の生活の中で育まれる自然観や生命観

　さて、保育者としては、上記の視点を取り入れた教育的環境を整え、子ども達が生命を感じられる機会をつくり出していく必要があります。しかし、こうした教育的環境があったとしても、いつも保育者の思い通りになるとは限りません。次の【事例9】と【事例10】を見てみましょう。

【事例9】ゲンゴロウが食べられた！

　1年生の男子児童が、用水路でゲンゴロウを捕ってきました。彼は、それを水槽で飼おうと思って金魚のいる水槽に入れました。すると、一秒もたたないうちに、キンギョはそのゲンゴロウをパクリと食べてしまいました。彼は目をパチクリとさせて言葉を発することができませんでした。こうした体験は、「一緒の水槽に入れると食べられる」という知識を大人が教えるのではなく、自分でやってみたという点でとても貴重で良い体験だといえます。

89

【事例10】 あとになって、わかること

筆者自身が小学生だった頃、捕えたトカゲを飼おうとして網かごに入れて庭に置いておいたことがあります。夕方、そのトカゲを見るとぐったりとして死んでおり、随分と落ち込みました。大きくなってから知りましたが、トカゲのような変温動物を直射日光が当るところに置いておくと、体温のコントロールができなくて死んでしまうということでした。それはずっと後になって知識として得たことでした。

このように、普段の生活の中で育まれる自然観や生命観は、幼少期に動物に触れることで身につくものであるといえます。自然界への視点を養う上で、福音館書店の月刊絵本『かがくのとも』シリーズはお薦めです。特に、復刻された1〜50巻の初期のものや、ハードカバーになって再出版されたものは、大人が読んでも感心させられますので、是非参考にしてください。

3．季節との出会い　〜春・夏・秋・冬さがし〜

　日本は、春夏秋冬の四季があり、自然環境に大変恵まれた土地であるといえます。たとえば、春が近づくと冬の寒さが少しずつ収まり、暖かくなると同時に木々が芽を吹き、草花が花を咲かせ始めます。梅雨の時期になると紫や青色のアジサイが見られ、一気に湿度が上がることを肌で感じることができるでしょう。夏の太陽の光はギラギラとしていて眩しく、空が急に曇って夕立が降り、稲妻とともに雷鳴がとどろく音が聞こえてきます。秋になれば、木々の色が変化し、山々が黄色や赤色に染まります。冬は、雪が降ったり、池などの水が凍ったりするなど、寒さを体感することができます。このように、私達は四季折々の自然の事象を身近な生活の中で見ることができます。

　では、それぞれの季節を生かした子どもの活動事例や遊びの内容を取り上げていきましょう。

1）春さがし

　春は生命力にあふれた季節です。桜に代表されるように、木や花が芽吹きますし、昆虫も動き始めます。そのような暖かい春を味わい、また、冬眠をしな

第3章　自然環境とのかかわり

がら寒い冬をじっと耐えた生命の強さを感じられるような活動を考えましょう。

テーマ	子どもの活動事例や遊びの内容
つくしを発見	３月になると「春を探しに行こう」という活動ができます。道端にはタンポポが咲き始め、つくしが顔を出します。保育者があらかじめつくしを確認しておいた後、「春を見つけたら教えてね。」と子ども達に告げておくと、園や学校の行き帰りにおいて、小さな春を見つけようとする姿が見られます。
桜の花びらのケーキ	子ども達は、桜の花びらがたくさん落ちているのを見つけると、プリンなどの容器をもって集め始めます。ままごと遊びのセットからお皿を持ってきて、砂を入れて、花びらを上に敷き詰めてケーキ作りを楽しみます。
パンジーの花から作るジュース	花壇に植えているパンジーの花がしぼみかけ、少し傷んだものを摘んできて、すりこぎですりつぶした後、水を足してジュースにします。黄色い花からは黄色のジュース、えんじ色の花からはブドウのジュース。粒々が残ったままのジュースを楽しんだり、友達と色水の出し方を比べたり、できたジュースを机の上に並べて、ジュース屋さんに早変わり。「先生飲んで！」「ジュースどうですか？」「飲んでみて、いかがですか？」と遊びが発展していきます。
春がお部屋にいっぱい	春になると、小さい瓶やカップを机に置いておいて、見つけた草花や花を挿しておくようにします。保育者が準備した草花をみて、何も挿していない小瓶やカップが引き金になり、オオイヌノフグリの水色の花、黄色の花のキツネノボタン、ピンクの花のついたホトケノザなど、見つけては教室までもって来て小瓶が春の草花でいっぱいになります。春を探して、自分の感覚で春を教室まで運んでくるのです。図鑑を置いておくと、新しい草花を見つけるようになったり、名前を探し出したりします。
アゲハチョウの幼虫	ミカンの木に産みつけられたアゲハチョウの卵は、しばらくするととても小さな幼虫にかえります。生まれてすぐは黒色の小さな点のような粒です。ミカンの葉っぱに幼虫がついたまま枝を教室へ持っていき、水を入れた瓶に挿しておきます。アゲハチョウの観察に向けた環境構成です。そのうちに、興味を持った子どもが数ミリメートルに成長した黒色の幼虫を見つけます。「先生、これなあに？」と少しずつ興味を持って探究が始まります。そばに図鑑を置いておくと、自分で図鑑を広げ、名前を探すようになります。中には昆虫のことをよく知っている子どももおり、「アゲハの幼虫だよ」と言ったり、成長の過程を示した図鑑から、これから先の成長を期待して調べ始めたりします。観察を続ける子どもは、次第に専門家になり、ふんの大きさ、体の大きさ、触ったときの反応などを図鑑と見比べながら成長を見守ります。

テーマ	子どもの活動事例や遊びの内容
ダンゴムシさがし	暖かくなってくると、ダンゴムシ探しの季節になります。子ども達は、プランターを動かしたり、人工芝をひっくり返したり、つなげたマットを一枚ずつ裏返したりします。生命が息づく春は、園庭や校庭での活動が活発になり始めます。子ども達は、ダンゴムシがどこにいるのかをよく知っています。友達について行って一緒に見たり、探し方を教えてもらったりします。教室の周りの花壇と芝生の間にダンゴムシの住処があります。集めたダンゴムシを飼育ケースに入れて、外と同じ環境を子ども達と保育者とで作り、飼育することもできます。飼育環境を保育者と子ども達とで一緒に作ることも観察の始まりです。

2）夏さがし

　夏は暑い季節です。この季節には、水を使った遊びが数多く登場します。夕立などの自然現象や、夏に大きく成長する植物も季節を感じさせる環境ですが、子どもの頃の印象として、「夏といえば水遊び」と記憶している人も多いのではないでしょうか。

テーマ	子どもの活動事例や遊びの内容
樋を組んで水遊び	築山の中腹から続く、長い樋の水路は、幼児達の苦心の作です。水の流れも不思議が一杯です。樋をつなぐには、ちょっとした工夫が必要となります。つなぎ目では、受ける側の樋を下にして、流れてくる水をうまく受け止めなければ水が続いて流れません。水が漏れないように、慎重な作業が必要なのです。木組みで傾斜を作らなければ水は止まってしまいます。上手くつながると、水の冷たい感触やバケツで汲んで流す楽しさ、また水の流れを変えてみるなど工夫をすることができます。そうしている間に、水汲み係、水を流す号令係、水の溜まる所をスコップで掘る係などの分業が子ども達の中で始まります。水たまりに溜まっていた水は暖かく生ぬるいので、そのことを楽しんでいる子どもの様子も見ることができます。
「ギリ」って何のこと	しゃぼん玉の液を作っていた時のことです。玉杓子でコップに水を移していた子どもが、さかんに「ギリ」、「ギリ」と言っているのです。「先生、ギリできたよ！」と言ってきたので、じっと見ると、なるほど納得です。幼児が「ギリ」と言っているのは、コップの水が、ぎりぎり一杯になって盛り上がっていることなのです。表面張力で盛り上がった水が嬉しくて、先生に教えてきたのです。
石鹸遊び	固形石鹸とおろし金を見つけると、固形石鹸をおろし金ですりおろして、さらさらの粉を作ります。粉をスプーンですくって少量の水で薄めて濃い石鹸液を作ると、泡だて器でホイップしてクリームを作ります。友達ときめの細かさを確かめ、アイスクリームが出来上がります。手でぬめぬめした感触をいつまでも楽しんでいる子どももいます。しばらくすると、片付けの途中でシャボン玉になるのを見つけて、シャボン玉遊びに変わってきます。両手で輪っかを作ってそっと吹くと大きなシャボン玉になります。

第3章　自然環境とのかかわり

夕立	夏の天気は急変することがあります。空が暗くなると「暗くなってきた。」、雨が降り始めると「雨だ。中に入ろう！」、稲妻が走ると「光った。」などと自然現象を言葉に表し、友達同士や保育者との間で自然の変化を確かめ合います。
幼畑の野菜	梅雨が明けるころになると、5月に植え付けたミニトマト、ナス、キュウリ、トウモロコシなどが、花を咲かせ、実をつけ始めます。ブドウの房のように実のついたミニトマトを見て、「先生、お弁当のときみんなで食べよう！」と話す子どもや、大きく育ったナスやキュウリを「収穫してもいい？」と聞く子ども、「お馬さんのしっぽみたいだね」とトウモロコシを見つめる子どもなど、園庭や校庭の菜園は発見を促す環境となります。

3）秋さがし

　秋になると、次第に過ごしやすくなり、外遊びの機会も増えます。同時に、実りの季節と言われるように、木の実など季節を感じさせるものが豊富にそろう時期でもあります。紅葉や落ち葉なども、秋を感じさせる環境といえるでしょう。

テーマ	子どもの活動事例や遊びの内容
落ち葉さがし	子どもたちだけで「何種類集めよう」と決めてもいいですし、保育者が用意した落ち葉と同じ形のものを探す、落ち葉クイズにしてもいいでしょう。
落ち葉アート	落ち葉を画用紙に張り合わせて絵を作る落ち葉アートは、子どもの美的感覚を養うことができる遊びでもあります。
お面つくり	大きな落ち葉があれば、目の位置に穴を開けてお面にしてみましょう。
落ち葉プール	落ち葉が大量にある場合は、四角く囲った枠の中にためて、プールのようにして、中に入って遊びましょう。滑り台の下などに設置すると、勢いよくたまった落ち葉の中に突っ込んで行くことができます。枠などがなくても、大量の落ち葉を投げてシャワーのようにするだけでも楽しめます。
木の実ドングリごま	どんぐりの平たい側から穴をあけ、竹ひごなどをさすことで簡単にこまになります。回して競争もできますし、回っているこまを見ているだけでも不思議で面白いものです。
やじろべー	ドングリが三つあればやじろべーができます。三つのドングリをつなげるのは竹ひごでもいいですし、針金でも構いません。
木の実アート	落ち葉アートと同様、画用紙に貼って絵をつくります。このとき落ち葉と木の実の両方を使うと、より幅広いものが作れます。一方、木の実と針金などでオブジェを作ったり、顔を描いてコミカルな「森の住人」を作ることもできます。

秋の木の実を食べる（柿）	食べられる実のなる木があれば、実をとって食べます。これは秋の遊びの醍醐味です。園に柿があれば一番手軽でよいでしょう。
草の実遊び	ヒッツキモチやオナモミなど、草むらに入ると靴下や服にくっつく草の実があります。これをあえて色々な配置でくっつけて、アートとして遊びに取り入れると、楽しく遊べます。
草木染	メリケンカルカヤという植物は、荒地や土手などに生えていますが、これが近くにある場合、採取すればきれいな草木染ができます。焙煎剤をミョウバンにするか塩化鉄にするかで、黄色になったり緑になったりします。染める布は輪ゴムや凧糸できつく縛ったりすることで、模様を入れることもできます。
秋の虫の声	昼間から鳴いている虫もいれば、夕方から鳴き出す虫もいます。鳴き声を聞いて鳴きまねをしてみたり、虫を見つけ出したりしてみましょう。
風と遊ぶ	凧揚げは正月のイメージが強いかもしれませんが、冬の寒い時期でなくてももちろん楽しめます。凧揚げ以外でも、風の強い日にかざぐるまを回したり、吹流しを作ってみたり、大きな布やコンビニの袋で風を集めたりするなど、風と関わる遊びは、大人が仕掛けてやると子どもも夢中になります。
影踏	秋は太陽高度が夏よりも低くなるので、その分影が長くなります。外で遊ぶときに、影が長くなったことが実感できるこの時期にやってみたい遊びのひとつでしょう。
雲の形が変化する季節	秋は雲の形がいろいろと変化しやすい季節です。空の青さもくっきりとしています。雲を見て色々な想像をして何の形か言いあいっこをするのも面白いですし、物語を作ってもいいでしょう。
秋の夕日	夕日がきれいなのもこの季節です。日に染まった雲を見たり、空の色の変化を見たり、たった数週間で一気に季節の変化する秋分の時期は、季節を感じるにはよい時期といえます。
夜空のきれいな季節（おうちに帰ってから）	空気がすむので夜の星もきれいです。夕方はまだ夏の大三角が残っていて、白鳥座、わし座、こと座などが西の空には見えています。冬も星はきれいに見える季節ですが、寒さという問題があります。秋なら寒さを気にせず星空を楽しむことができます。

4）冬さがし

　冬は、吐く息の白さや氷など、その寒さが特徴的な季節です。また、冬芽や昆虫など、春を待つ生命を感じさせることで、季節の循環を意識させることができるでしょう。

第3章　自然環境とのかかわり

テーマ	子どもの活動事例や遊びの内容
リース作り	松ぼっくり、ドングリ、南天、フウなどの実を、ツタやカズラを巻いたものにボンドや手芸用の針金で取り付けたり、ビーズや鈴などを取り付けたりしてリースを作ってみましょう。ツタやカズラがなければ、木の枝を束ねたものにつけて行ってもいいでしょう。
稲藁遊び（お飾り）	農家の方に稲刈りの時期に、あらかじめ藁をもらっておきましょう。正月前の時期に、藁で縄をない、それに色々な素材を取り付けます。何もミカンや昆布などの伝統的なものでなくても、松ぼっくりなどの木の実でも構いません。
冬芽を探す	冬の葉のない植物たちは、ひそかに春の準備をしています。春になっていっせいに芽吹くのは、芽になる材料を冬のうちに着々と作っているからです。それを見ることができるのが冬芽です。1月中旬ともなれば、ウメの花芽、カエデの真っ赤な芽、アオキの緑の芽など、植物ごとに色々な芽を見つけることができます。
樹木の探検	木肌がザラザラだったりすべすべだったり。枝ぶりがごつごつしていたりスマートだったり、木の種類によって一本一本異なる様子を見て回ると、秋につけた実がまだ落ちていないのが見つかったりします。自分にぴったりの「私の木」を探すネイチャーゲームをするのもいいでしょう。
石をひっくり返して動物を探す	コンクリートブロックや大きな石の下には越冬する虫がいたり、何かの卵が産み付けられていたりします。他にも木の洞の中とか、土管の中とか、普段見ないもの陰を観察すると、色々な発見があります。
渡り鳥に餌をやる	冬のこの時期は、他の季節は見られない鳥たちを見ることができます。餌台を作って、そこに果物やラードや木の実を置いておくと、それぞれが好物の鳥たちがやってくるようになります。近くに川があれば、カモやユリカモメが来ているかもしれません。
吐く息が白い	寒いと吐く息が白くなりますが、誰の息が一番白いかなど、遊びに変えて楽しむと、冬という季節が楽しい季節になります。
曇った窓ガラスに指で字を書く	屋内で曇ったガラス窓があれば、そこに字や絵を描いてみましょう。冬限定のキャンバスです。もし曇ったガラスがなければ、「はーっ」と息を吹きかけてみましょう。
焚き火	物を燃やすだけでも楽しいですし、焼き芋を焼いたりパンを焼いたりべっこうアメを作ったりすればもっと楽しくなります。最近はオール電化のご家庭も珍しくなく、家庭内で「火を見る」という体験ができない子どももいます。火は近づくと熱く、火傷する危険なものだということも体感できますし、出来立ての焼き芋やパンなどで火のありがたさも実感できます。
雪、霜	雪や霜は、踏むだけでも独特の感触を得られます。また、雪だるま、雪合戦などができるほどの雪が降ることは年に一度もあるかどうかという地域も珍しくありません。雪が降ったら、予定を変えてでも雪で遊びましょう。
氷遊び	翌日が氷点下の予報が出ていたら、バケツに水をためておきましょう。氷ができていたら、氷ごしに向こうを見たり、割ったりしてみましょう。

第3節　就学前教育と小学校教育「生活科」における自然観察とは

　生活科では、2年間を通じて、身近な人々、社会及び自然と関わる活動が大切にされています。教科書で例示されている単元計画には、季節ごとの身近な自然観察の活動が用意されており、自然と関わる具体的な活動を重ねていくことで、自然観を養ったり地域のことを知ったりするのはもちろんのこと、四季が巡る中で自らも成長していくことを感じ、就学前教育から中学年への接続ができるような橋渡しをすることが生活科の役割だといえます。そこで、就学前教育のアプローチ期から小学校教育の1年生のスタート期への接続を含めて、自然観察活動をより大きな枠組みに当てはめて考えてみましょう。

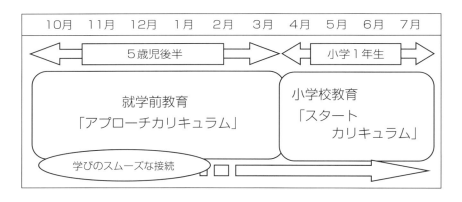

1. アプローチ期の幼児の遊びと自然とのかかわり
〜遊びに含まれる学びの要素〜

　子どもの遊びを観察していると、一人ひとりの遊びの中にある「チャレンジ」を見つけることができます。たとえば、平たんな地面よりはデコボコがあったり、ふわふわした感じがするなど、足の裏から様々な感覚が感じられる場所を好んだり、わざと高い台などに登ろうとしたりすることがありますが、それらは自ら「やってみたい」と思う気持ちからです。また、最初に「ドング

リを探してみよう」という活動をはじめたとしても、ちょっと寄り道をしたりすることがあります。しかし、その寄り道は子ども一人ひとりにとっては「先生から言われた課題をする」ことだけではなく、それは「自分自身のチャレンジ」であるといえます。周りの環境が保証されていれば、その活動の積み重ねそのものが、やがては自立心を培うことへとつながります。

　こうした子どものチャレンジしたいという気持ちを生かすため、園では可能な限り、自然と関わる活動が取り入れられています。自然の中での遊びは、屋内では体験できない様々な挑戦や発見が可能となります。ここでいう「自然」とは、人里離れた大自然や豊かな自然環境だけを指すのではありません。都会の中で、道端のコンクリートの割れ目にタンポポが咲いていたり、雨が降ったり、虹がかかったりなど、どんな些細なことでも、子どもは珍しがったり、不思議に思ったりします。このような自然観察の活動を通じて、幼児期の終わりまでに育ってほしい姿（10の姿）を、様々な場面で身につけることができます。

幼児期の終わりまでに育ってほしい姿（10の姿）
①健康な心と身体、②自立心、③協同性、④道徳性・規範意識の芽生え、⑤社会生活との関わり、⑥思考力の芽生え、⑦自然との関わり・生命尊重、⑧数量・図形、文字等への関心、感覚、⑨言葉による伝え合い、⑩豊かな感性と表現

　周りの様子を観察して、協力したり、自分の活動のヒントにしようとしたりする子どももいれば（③協同性）、逆に周りの子の様子は参考にせずに全部自分で考えて判断しようとしたりする子どももいます（②自立心）。樹木などを傷つけてはいけないという気持ち（④規範意識）や、独り占めしてはいけないという思いやり（④道徳性）も培われます。園外で活動して社会のルールを身に付けていくことも可能です（⑤社会生活との関わり）。

　竹を半分に割った筒を置いていたら、それを斜めにしてドングリを転がしてみることで、斜めになっているところに、ドングリなどの丸いものを置くと転がっていくという法則性を身に付けたり（⑥思考力の芽生え）、ドングリの種類ごとに並べて数えたりして楽しむ子どももいます（⑧数量・図形、文字等へ

の関心・感覚）。ドングリが見つかる穴場について園児同士で話し合う場面も見られます（⑨言葉による伝え合い）。芸術は自然の模倣から始まると言われるように、屋外で様々な自然の情景や風景を見ていく中で、長い時間かけて少しずつ感性が培われます（⑩豊かな感性と表現）。後日、飾っていたドングリの製作物から虫が湧いて出ることもありますが、一つの命と別の命とが繋がっていること（①健康な心と身体、⑦自然との関わり・生命尊重）を発見するかもしれません。

　子どもは、こうした活動を数多く重ねていくことで、一つひとつのチャレンジが発見や学びにつながり、少しずつ「学びに向かう力」が育まれていきます。（第1章第2節、4．就学前教育と小学校教育との連携（pp.25-32も参考にしてください。）

2．スタート期の児童の遊びと自然との関わり
～遊びが学びを生みだす～

　では、それらを踏まえて、スタート期の生活科の授業をどのように組み立てればよいでしょうか。児童が幼児期と同じような活動をしていたとしても、幼児期には「遊び」として行っていた活動が、実は「学び」につながっているということを、児童自身が発見できるようにする必要があります。自らの興味で行っていた活動が、自らを成長させる学びになることがわかれば、それが自立して学ぶ力を身につけることにつながるからです。

　自然観察では、年間を通してさまざまな季節を味わえます。ここでは、「秋を探す」という活動を軸にして考えてみましょう。まず、児童一人ひとりが入学前にどのような自然体験をしてきたかを4月の時点で知っておくことが必要です。小学校へ入学する児童らは、それぞれが異なる就学前施設（10以上の場合もあります）を卒園していることや、園以外にも住んでいる地域によって環境が違います。事前に児童本人に聞いたり、園の先生と連携を取ることも求められます。また、教師が学区内や校内の季節ごとの見どころを把握しておくことで、年間の指導計画を立てることや安全面への配慮をすることができるで

第3章　自然環境とのかかわり

しょう。

　小学1年生の4～7月は、学校生活に慣れたり、集団作りを進めたりする時期であり、担任教師にとっても各児童の様子をできるだけ早く捉えなくてはならない時期です。そうした時期の「自然観察」は、観察する目を育てたり、数えたり分類したりする視点を育てたり、グループで活動することで社会性を身に付けたりなど、様々な役割を担っています。ここでは、「秋を探そう」というテーマを題材にして、生活科の内容の側面と学びの方法の側面について、以下の6点から考えてみたいと思います。

◆学びの内容の側面
①1年間の連続性
　秋になればクラスのまとまりもでき、「秋を探そう」といった授業も計画を立てやすくなっています。しかし、秋になってから「秋を探そう」を始めたのでは遅いのです。秋が「他の季節とは違う」ということを感じるためには、春や夏の時期にもそれぞれの季節を感じている必要があるからです。また、自らの成長についても、春や夏の活動を思いだすことで秋になって感じることができるようになります。
②前年度、次年度と学年をまたぐ視点
　1年生の秋になって「秋って、どんな季節かな？」と問いかける場面を想像すると、そもそも児童が「秋」を体験したのは1年か2年前の幼児期となります。そのため、「秋って、どんな季節かな？」という問いかけは、「1年前の秋に、どこに行き、何を見つけたかな？」という意味になります。このように、季節感の醸成には年度をまたぐ視点が必要となります。
③季節感を育むとは
　去年の秋がどうだったかで「秋」を思いださせることも大事ですが、春や夏とはどう違うのかということがなければ季節を感じることはできません。そのため、入学してからの春や夏の活動が土台としてなければ、「秋を探そう」といった活動はできないことがわかります。
◆学びの方法の側面
④他教科との関連性
　国語、算数、音楽、図画工作、体育との関連を考え、幼児期の「遊び」が小学校の生活科の「学び」につながり、それが全ての教科の学びに広がっていくという思考をもつことが求められます。
⑤言語化すること
　児童の行動を「動詞」でとらえて、「見る・聞く」「探す」「書く・描く」「相談する」「協力する」「思いだす」などの具体的な活動になるように考えさせることにより、自覚的な学びへとつながります。
⑥10の姿との関連性
　幼児期の終わりまでに育ってほしい姿（10の姿）と照らし合わせ、「秋を探す活動」の中に、それらの姿を養う要素をどのように取り入れるかを考えます。また、10の姿が各児童に備わっているかどうかを考え、単元の終わりに評価をする必要があります。そのためには、春や夏の活動において、10の姿が身についているか教師が確認することが求められます。

99

3．「生活科」の授業を組み立てる　〜きせつのずかんノートの作成〜

　小学校のスタートカリキュラムでは、就学前の「遊び」の活動を、(1)知識及び技能、(2)思考力、判断力、表現力等、(3)学びに向かう力、人間性等の三本の柱に向かって「学び」の活動へと転換させることが重要だといえます。そこで、「きせつのずかんノート」を作成することを中心に据えて、授業の組み立てを考えてみましょう。

　自然観察活動の導入として、ワクワクするような気持ちにさせるために、「ドングリや松ぼっくり、落ち葉を探してアートを作ろう」という活動を教師が提案したとします。教師の願いとしては、春夏秋冬の季節感を身につけてほしいとか、豊かな感性を発揮してほしいといった様々な思いがありますが、児童の側から考えてみると、まずは…「秋って何だろう？」ということになります。

　まず、春と夏の季節を体験しているので、「春に見た花、虫、鳥…は何だろう」とか「春に聞いた鳴き声は何だろう」などと尋ねると、季節ごとの動植物の違いや気温や湿度の違いなどに気が付くことができます。また、「春を探そう」や「夏を感じよう」という単元で行った活動を「きせつのずかんノート」として記録しておけば、簡単に思いだせますし、1年が経過してから、春夏秋冬の違いを児童自身が可視化でき、自らの成長も振り返ることができます。

　継続して記録することで、「季節外れ」のタンポポがあったり、意外な時期にセミが鳴いていたりなど、大人でも気付かないような発見が期待できます。図鑑を作るという活動で、春夏秋冬で、虫、鳥、雑草、樹木、空、空気などといった観察する対象や、見る、聞く、触る、嗅ぐ、味わうなどの五感を通して

感じられるものが変化することがわかります。これが、後の理科へとつながります。また、「きせつのずかんノート」のスタートでは、「小学校入学前の冬は、どんな季節だったかな」と思いださせることで、園で遊んだこと、学んだこととの接続がスムーズになります。

こうした「きせつのずかん」をもとに、春と夏の振り返りをしながら、1年前の秋にそれぞれの園で行った遠足のことを思い出させることで、ようやく、秋の特徴を考えるための活動の土台ができます。秋の特徴を考える活動をした後、「では、実際に探してみよう」となったり、「持ち帰ってアートを作ろう」という活動へと展開することで、児童の学びへの期待感は高まります。この時、児童がイメージしやすいように、適宜、先生が作ったサンプルや写真を見せることは効果的だといえます。

このように、①年間通して、〇〇小学区の「きせつのずかん」とか「しぜんまっぷ」を作る、②2年間の自然観察の活動を通して、自らの発見を記録する力を養う、③教室には全員で記録できるような「クラス全体のずかん」も貼っておき共有できるようにする、④普段の生活の中で発見したものを記録することにより、地域での学びが日常になり、3年生の理科や社会科につながります。この連続性が、生活科の「自然観察」を軸としたまとまりのある活動となり、3年生以降の学びの接続へとつながるのです。

引用・参考文献

第1節

太田博（2001）『課外活動－その考え方と実際－』株式会社杏林書院

独立行政法人国立青少年教育振興機構（2010）「学校で自然体験をすすめるために　自然体験活動指導者養成講習会テキスト」：p.11

加古里子（1969）『海（かがくのほん）』福音館書店

　　　　　（1975）『地球～その中をさぐろう（かがくのほん）』福音館書店

　　　　　（1975）『宇宙～そのひろがりをしろう（かがくのほん）』福音館書店

寺尾慎一（2008）『平成20年改訂小学校教育課程講座生活』ぎょうせい

文部科学省（2018）『小学校学習指導要領解説理科編』大日本図書

　　　　　（2018）『小学校学習指導要領解説生活編』大日本図書

　　　　　（2018）『幼稚園教育要領解説』フレーベル館

山田卓三（1993）『生物学からみた子育て』裳華房

　　　　（2011）『五感をみがく遊びシリーズ①野原であそぼう』農文協

第２節

加古里子、堀内誠一、安野光雅、薮内正幸、五味太郎著、他（2010）『かがくのとも
　　復刻版　創刊号～50号』福音館書店

大村璋子・他編著（2009）『遊びの力～遊び環境づくり30年の歩みとこれから』萌文
　　社

深作拓郎・他編著（2012）『地域で遊ぶ、地域で育つ子どもたち～遊びから「子育ち支援」
　　を考える』学文社

人見久城・小村紀子（2009）「子どもの自然遊び体験に関する調査」『宇都宮大学教育
　　学部教育実践総合センター紀要』32：p.228

第３節

大方美香監修（2018）『10の姿で伝える! 要録ハンドブック：保育所児童保育要録 幼稚
　　園幼児指導要録 幼保連携型認定こども園園児指導要録（Gakken保育Books)』学
　　研プラス

三浦光哉（2017）『５歳アプローチカリキュラムと小１スタートカリキュラム 小１プ
　　ロブレムを予防する保幼小の接続カリキュラム』ジアース教育新社

無藤隆（2018）『幼児期の終わりまでに育ってほしい10の姿』東洋館出版社

　　　　（2018）『10の姿プラス５・実践解説書：「幼児期の終わりまでに育ってほしい
　　10の姿」をカラー写真いっぱいの実践事例で見える化!!』ひかりのくに

文部科学省・国立教育政策研究所教育課程研究センター編集（2018）『発達や学びを
　　つなぐスタートカリキュラム－スタートカリキュラム導入・実践の手引き』学事
　　出版

文部科学省（2018）『幼稚園教育要領解説』フレーベル館

　　　　　（2018）『小学校学習指導要領解説生活編』大日本図書

第4章

物的環境とのかかわり

第1節　身近なものとかかわることとは

1．ものの性質や仕組みを知る

　子どもは日常生活という環境の中において、ものを手で触ったり、反応を繰り返し試してみたりすることで、様々なものどうしの特徴の関連付けをしながら、ものや遊具や用具などの特性を探り当て、ものの性質や仕組み、操作方法などを経験的に学んでいきます。また、その学びの過程において、興味関心が芽生えたものに対しては、さらに深く知りたいと思う気持ちをもち、自発的に探究しようとします。これは、幼稚園教育要領（2017）・保育所保育指針（2017）における領域「環境」の内容にある、「(2)生活の中で、様々な物に触れ、その性質や仕組みに興味や関心をもつ」、「(8)身近な物や遊具に興味をもって関わり、自分なりに比べたり、関連付けたりしながら考えたり、試したりして工夫して遊ぶ」ということに該当します。

　では、子どもの興味関心、すなわち好奇心はどのようなときに芽生えるのでしょうか。レズリー（2016）は、好奇心の芽生えということについて、ピアジェは「予測と現実の間に不整合を発見した時」といい、ローウェンスタインは「情報の空白に対する反応」ということを取り上げています。また、好奇心には、拡散的好奇心（はっきりとした目的や方向性をもたず、幅広く情報を求める欲求）と特殊的好奇心（既存の知識に矛盾や空白があった時、それについて理解を深めたいという欲求）があります。子どもが、ものの性質や仕組み・操作方法などを経験的に学ぶ過程において、これまでの経験と一致しないことや新しい情報に触れた時に、拡散的好奇心や特殊的好奇心が芽生えるといえます。

　幼稚園教育要領（2017）や保育所保育指針（2017）における領域「環境」の

内容の取扱いの中には、「幼児が、遊びの中で周囲の環境とかかわり、次第に周囲の世界に好奇心を抱き、その意味や操作の仕方に関心をもち、物事の法則性に気づき、自分なりに考えることができるようになる過程を大切にすること。特に、他の幼児の考えなどに触れ、新しい考えを生み出す喜びや楽しさを味わい、自ら考えようとする気持ちが育つようにすること」と、子どもに拡散的好奇心や特殊的好奇心を芽生えさせるための保育者の援助方法が書かれています。これを実現するためには、保育者・教師自身がものの仕組みや性質、操作の仕方を知っておくだけでなく、子どもに対して、保育者のかかわりや教育的環境をどのように作っていくかということが必要になるでしょう。

　では、まず、ものの性質を知ること、ものの仕組みを理解することとはどのようなことかを順に見ていきましょう。

1）ものの性質を知る

　ものの性質を知るということは、子どもにとってどのような意味をもつのでしょうか。料理や工作をする際にもいえることですが、まずはものの性質を知らないと使うことができませんし、その素材を加工するための道具を選ぶこともできません。ものの性質を知ることは、子どもと物的環境とのかかわりを深めていく上で、欠かせないことだといえます。

　以前から注目を集めている調理保育は、素材に直接触れて形が変化をする様子を実感できることから、ものの性質を知る上で良い教材になります。調理保育とは、子どもが調理に参加をすることによって、食べることへの興味や関心をもたせ、食べることを楽しむことができる健康的な子どもを育むことが目的とされています。一方で、調理の過程には、素材を混ぜる、丸める、手でちぎる、型枠を用いて型を抜く、焼く、煮る、蒸すなど、素材が多様に変化していく様子を間近で見ることができ、子ども達に様々な発見の機会を与えることができます。佐々木ら（2000）は、幼児期の調理保育のあり方について、「調理保育によって、（中略）材料の扱い調理器具の使い方など技術的なことを身につけるなどは二次的なことである」と述べているように、食べることへの興味

第4章　物的環境とのかかわり

表4－1　調理保育において、五感を使って変化を楽しむこと

聞く	水の量を変えたコップを並べて順番に鳴らしていくと、その量によって音の高さが変わります。このことと同様で、同じ材質で同じ太さの木でも、たたくと木の長さによって音の高さが変わります。ストロー笛も同じように、長さによって音の高さが変わります。壁や床を叩くと、中が空洞かそうでないかによって音の響き方が異なります。
見る	酸性・アルカリ性によって色素の色の変化は、目で見て分かりやすい変化です。ムラサキキャベツから取った液にレモン汁を入れると色が変わります。これは、酸性のレモン汁によってムラサキキャベツの色素が赤色に変化する現象です。同様に、ムラサキイモや花の色素やラベンダーのハーブティーなど、ポリフェノールの仲間の色素でも見ることができます。
ふれる	力を加えると固まり、力を緩めるとどろどろ状態に戻る現象を「ダイタランシー」と呼びます。たとえば、片栗粉に適量の水を入れ、力を加えると、その加減で片栗粉がどろどろの状態から固体のように固まった状態に変化します。ゼリーのゼラチンの割合を変えて複数つくると、その硬さや質感の違いがよくわかります。
におう	調理の過程では、食材の変化に伴って香りも変化します。砂糖水を加熱してカラメルになると、ちょっと焦げたような香ばしい香りに変化します。同様に、米や大豆を炒ると、だんだん香ばしい香りがしてきます。パンやホットケーキの焼き上がりでは食欲をそそる良い香りがしますし、ごはんが炊き上がると米の時とは全く違う匂いがします。燻製もチップを燃やして、食材に香りをつけます。
味わう	炭酸水を作るためのソーダサイフォンを使うと、液体に炭酸ガスを溶かすことができます。これをオレンジジュースに使うと、発泡オレンジジュースを作ることができます。また、エスプーマスパークリング（日本炭酸瓦斯株式会社）という製品を使うと、液体だけでなく食品の水分に炭酸ガスを溶け込ませることができます。また、渋柿のヘタを焼酎に浸し、空気に触れないように保存すると渋みが抜けて甘くなります。

（生活環境教育研究会編（2003）『おやおや色・味・香りのふしぎ』農山漁村文化協会）

関心を育み、ものの性質を知る機会こそが大切であるといえます。

　表4－1に、調理保育中に、聞く・見る・ふれる・におう・味わうといった五感を通して変化を楽しむ実習についてまとめてみました。少し難しいですが、このような実習を調理保育中の合間に見せることで子ども達にものの性質の変化を楽しませながら、「なぜ？」や「どうして？」といった不思議に思う気持ち、すなわち拡散的好奇心、特殊的好奇心を芽生えさせることも必要です。

　調理保育中に起こるものの変化の中で、幼児や小学校低学年の子ども達にとってわかりやすい「固まる」という現象を表4－2に紹介しておきます。何

105

表4−2　調理保育において、固まる性質を楽しむ

冷やす	液体が冷えて固体になったり、固体に熱を加えて液体になる様子は、目ではっきりと確認ができます。水は、温度が0℃以下になると氷になります。外に氷を置いておくと溶けますが、塩を加えると溶けにくくなります。経験的にも言えることですが、寒くなると池や湖の水は凍りますが、海の水は凍りません。これは「氷点降下」といい、塩の濃度が高いほど凍る温度が低くなる現象です。塩水の状態では、最大マイナス21度まで液体のまま温度が下がります。アイス作りの調理保育（氷に塩を3：1でかけ、ジュースを入れた容器をその上に置き、アイスを作る）では、この氷点降下の性質を教えることができます。
熱する	スポンジケーキをはじめ、ホットケーキ、パンケーキ、ロールケーキ、蒸しケーキなどを作る調理保育では、生地を加熱すればケーキが固まる性質を教えることができます。これは、小麦粉のグルテンや卵のタンパク質、塩分などが熱することで相互に作用をして引き起こされる現象です。また、卵は、黄身が80℃、白身が70℃で固まります。この温度差を利用して、半熟卵や温泉卵を作ることができます。
力を加える	生クリームを撹拌すると、脂肪分が固まり、脂肪分と水分に分かれてバターができます。また、先述したように、片栗粉に適量の水を加え、握るなどの力を加えると「ダイタランシー」という現象を見ることができます。
凝固剤を使う	ゼリーなどを作る調理保育では、ジュースなどの液体を固める凝固剤としてゼラチンや寒天を使いますが、これらの冷やすと固まり熱すると融けるという性質を教えることができます。また、キャンプファイヤーの際に焼きマシュマロをしたりしますが、これもゼラチンが熱すると融ける性質を使っています。一方で、増粘剤として食品に使われるアルギン酸ナトリウムをこれをお茶に溶かして乳酸カルシウムの水溶液にぽたぽたと滴らすと、化学変化によってお茶にうすい膜ができ、お茶の人工イクラができあがります。（参照：人工イクラのキットは株式会社キミカ（http://www.kimica.jp/）が販売しています。）

（米村でんじろう監修（2009）『米村でんじろうのDVDでわかるおもしろ実験!!』講談社、生活環境教育研究会編（2003）『ぶるぶる　かたまる　ふしぎ』農山漁村文化協会）

らかの働きかけによって変化が生じ、そのもの自身が固まるもの、また、固めるために何か別のものを加えて固まらせるものがあります。

　ここでは、理科的な視点も含めた調理保育の例を紹介してきました。子どもは、ものの変化を直接的・具体的に体験することで、驚きや感動を得ます。保育者・教師自身が「ふしぎの伝道師」となって、子ども達と共に楽しく活動を行なってほしいと思います。

2）ものの仕組みを理解する

　子どもは、好奇心を抱いた現象に対し、繰り返し、試すといった行動をとります。たとえば、落ち葉を上に投げると、葉っぱがフワフワと落ちてくる、壁にボールを投げると、そのボールが反動で自分の手元に戻ってくる、絵具を水に混ぜると絵具の色に水が染まっていくといったようなことです。子どもが何度も同じことを繰り返す行為には、その子どもなりにものの規則性や法則性を見出そうとしているという意味があります。規則性とは、現象に一定のリズムがあることを指し、法則性とは、その現象が生じる理由や条件があることをいいます。子どもが規則性や法則性に気付くまでの思考過程は「発達心理学」という分野の学問の範囲になりますが、簡単に説明します。

　最初に、子どもは「これは、リンゴである」という“ものというものの概念”をつかみます。次に「果物には、リンゴとバナナがある」と分類（上位概念と下位概念）ができるようになります。ものが分類できるようになると、数の認識が生まれ、「3つあるりんごを右から数えても左から数えても3つある」という同一性、「分けてももどせば同じ数」という可逆性、「一人にひとつ分けられる」という1対1対応が構築されていきます。同時に、時間・空間という物理的認識が成長して「上にものを投げると、落ちてくる」という因果性や予測・推論が理解できるようになります。最終的に、概念から予測・推論までが総合的に機能することで、次第に規則性や法則性に気付きはじめ、さらに、「○○すれば～になる」といった論理的思考も成長していきます。

　子どもが好奇心を持ちながら、ものの仕組みや現象を理解する過程において重要なこととは、保育者が現象のみを見せて教えるのではなく、子ども自身が何度も繰り返し試す行為の中で、子ども自らが問題を解決しようとする思考を養うことにあります。数学的・科学的理解の本質とは、単に科学的な結果や事実のみを教えることではなく、そのものの見方や考え方という問題の解決法にあるからです。

　Kamii・DeVries（1993）は、子どもの直接的体験（引っ張る、吹く、吸う、投げるなど）が、幼児の知性や知識を発展させることに役立つと指摘しました。

引っ張る・投げるなどの幼児期の直接的体験は、問題解決をするための第一歩となります。こうした問題解決の初歩的手段を組み合わせて利用することで、物事に対処できるようになります。この直接的体験の積み重ねが、生涯にわたる学習意欲や学習態度の基礎となる好奇心や探究心を養うことにつながります。しかし、就学前施設である幼稚園や保育所の現場では、情操教育を中心として行い、特に人間関係や社会性の形成を促すことに力が注がれてきたことから、子どもの科学的・論理的思考の育成について、あまり意識して教育活動がなされてこなかったともいえます。そのため、中央教育審議会答申（1997）の「時代の変化に対応した今後の幼稚園教育の在り方について（最終報告）」や同審議会答申（2005）の「子どもを取り巻く環境の変化を踏まえた今後の幼児教育の在り方について」において、科学的思考を培うための基礎となる好奇心や探究心を幼児期に高めることや小学校で行われる教育内容との連携の重要性について言及されるにつれ、人間関係や社会性の形成を促すことと同様に、幼児の好奇心や探究心を高める教育内容や科学的・論理的思考を育むための教育方法のあり方が問われてきました。そして、2017年度の学習指導要領の改訂では、子どもが活動から何を学ぶか、何ができるようになるかといった資質・能力が幼児教育においても明示されました。

　子どもが、ものの性質や仕組みを理解する過程においては、保育者・教師が子どもに対して気付きを促す言葉がけをすることだけでなく、自分とは違った考え方をする友達が試行錯誤をしている姿をみたり、その考えを聞いて、一緒に試したり工夫したりする意欲を喚起させる教育的環境も必要です。次の節からは、そうした教育的環境のあり方について、具体的に提示していますので、学びを深めましょう。

第2節　身近なものへの興味関心を深めるためには

1．身近な素材とのかかわり
　子どもは、周りの環境の一つひとつとかかわり、様々な素材との出会いを通

第4章　物的環境とのかかわり

して、遊びを豊かに発展させ、ものの性質や仕組み、操作方法を知るようになります。素材を活用して遊び、友達と話し合いながら試行錯誤を繰り返す過程において、「ものの見方・考え方」が鍛えられていきます。ここでは、子どもにとっての身近な素材を取り上げます。

身近な素材

　ストロー、つまようじ、ペットボトル、トイレットペーパーの芯、ティッシュの箱、ビニール袋、牛乳パック、風船、布、毛糸、マヨネーズの空き容器、フィルムケース、ビーズ、紙コップ、画用紙、新聞紙、チラシ、折り紙、ダンボール、いろいろな種類の紙（厚紙・薄紙・色画用紙）、葉、花、草、枝、木の実、ドングリ、松ぼっくり、石、ねこじゃらし、からすのえんどう、しろつめ草、落ち葉、水、砂、土　など

　上記に取り上げた身近な素材は、子どもの手の届くところにあるものです。この中で、たとえば「紙」は、子どもにとって最も身近な素材の一つといえるでしょう。紙は、種類も豊富にあり、また可塑性に富んだ素材です。折る、丸める、棒状・筒状にする、手でちぎる、穴をあける、ハサミで切る、のりで貼り合わせるなど、一つの素材からいくらでも他の形に変えることができます。

　紙での遊びを例に挙げると、次のようなことができます。

　広告紙を丸めて棒状にして遊ぶ　⇒　戦いごっこ、魔法使いになりきる

　折り紙遊び　⇒　紙飛行機、しゅりけん、コップ、かえる、風船、カメラ

　手作りパズル　⇒　厚紙にマジックで絵を描き、切り取ってパズルを作る

　ちぎり絵　⇒　下書きをした紙の上に折り紙や和紙、千代紙を作って貼る

　切り紙遊び　⇒　ハサミで好きな動物などを作る

　子どもは、遊びの天才です。大人が捨ててしまうような素材でも、子どもは「遊びを創りだせる素材」として扱い、楽しく遊ぶ様子が見られます。しかし、

教育機関においては、子どもにふさわしい教育的配慮のある素材を選んで、子どもに提示することが求められます。素材選びでは、応答性・可塑性の高い素材、硬い・やわらかい、ツルツル・ごつごつといった素材感を味わえるもの、大きい・小さい、長い・短いといったサイズがわかるもの、軽い・重いといった量を感じられるもの、同じ素材でも多様な色を用意するなど、豊富な選択肢の提示が子どもの遊びの幅を広げます。また、草花や木の実といった自然物は、多様性に富んでおり、形、色、においの違いが子どもに刺激を与えます。幼児教育は、「環境を通した教育」であり、保育者は子どもの遊ぶ姿を観察しながら、子ども自身が、さわりたい、使ってみたいと思える素材とは何かを常に考え、環境を整えておく必要があります。

　ここでは、泥や水を事例とし、身近な素材とのかかわりを考えましょう。

1）子どもにとっての「泥」の魅力とは　〜泥場での遊び〜

　都市化された社会に住む子どもは、多くの禁止事項と制限の中で育てられているといえます。たとえば、子どもの遊び場である公園に行くと、ボール遊び禁止や木登り禁止、自転車の乗り入れ禁止等、禁止事項の看板をよく目にします。都市空間全体が大人の都合で整備されはじめた結果、子どもの遊び場環境は縮小を余儀なくされ、その中で、子どもの遊びそのものも変化していきました。深谷（1990）は、子どもの遊びが「戸外で、集団で、身近な道具を利用して、持続的集中的に遊ぶ子ども型の『遊び』から、室内で、一人で、商品に依存して、軽く熱中せずに遊ぶ大人型の『遊び』へと転換をとげたのだと思われる」と述べ、子どもの健康な心身の発達への影響を懸念しました。こうした中で、子ども本来がもっている個性や能力を発現し、周囲の環境からの抑圧を解放するための保育実践として、どろんこ保育（塩川：2007）が高い評価を得ています。ここでは、A園のどろんこ遊びの事例を紹介します。

　泥水で靴を浮かせて遊ぶF児の姿を見て、N児は、友達の遊び方を取り入れ、楽しむ姿が見られました。F児は、自分の遊びが他者に認められたことに満足した様子でした。自ら創り出した遊びが友達から受け入れられるということ

第4章 物的環境とのかかわり

【事例1】みんなで、どろんこ！

①泥場づくりのきっかけ　〜ちきゅうに「あな」をあけてみたい！〜
　A園の泥場づくりは、子ども達が『あな』という絵本を見て、「ちきゅうにあながあくくらいの、あなを'ほってみたい！」という声からはじまりました。まず、子ども達自身で穴堀りがはじまりましたが、深い穴を掘ることは、子どもの力だけではどうにもなりません。そこで、園庭の再構築の際に一緒に、大きな穴を掘ることになり、夏の季節だったので、保育者のアイデアから、泥場づくりをしようということになりました。

②泥場の完成　〜ながぐつを、うかせてみよう〜
　泥場が完成すると、5歳のF児が水を入れた泥プールに長靴を浮かせて遊びはじめました。隣で見ていたN児は、その遊びに興味津々。泥水の中に長靴を浮かせる遊びが一気に広がりました。水の上にものを浮かせると、プカプカと浮かぶ様子が見られますが、土や砂を多く含んだ水の上にものを浮かせると、ゆっくりと沈んでいく様子が見られます。他にも、自分の履いていた長靴を魚に見立てて遊ぶ子どもの様子が見られました。また、泥の中では、歩きこくいという体験もしました。

③泥場の水ぬき　〜どろって、ツルツルするんだね〜
　泥場の水を抜いた時、子ども達は、「ツルツルしてる！」「ひかってる！」と、泥の性質に気付きはじめました。水を抜いた泥場にて、その泥を手足につけて感触を楽しむF児、泥場の底がツルツルとし、キラキラと見える砂を見て喜ぶA児の姿が見られました。砂と水を混ぜて泥に変わり、その性質の変化を身体を思いきりつかって味わいました。

111

は、子どもの満足感や有能感を高め、あらゆる活動への意欲につながります。また、泥水の中でものを浮かせることによって、水と泥水の違いを体験的に学びます。この後、長靴だけでなく、スコップやバケツ、コップ等を浮かべて遊ぶ様子も見られ、ものの大きさ、重さによって沈むスピードが違うことを比較しようとしていました。そして、泥の中を歩くと、泥が足に吸い付くような感覚を得られます。土や砂を水に入れてかき混ぜると、粒子の大きいものから先に沈んで溜まることから、泥場の底には粒子の大きな砂が堆積しています。それによって歩きにくくなります。子どもにとってみれば、歩きにくさそのものが楽しい体験ですが、たとえば、その後の学校教育にて地球の成り立ちの勉強をする際、水の中にある泥は重いものから沈むという体験知があれば、堆積という現象のイメージがしやすくなり、学習の理解の手助けとなります。

2）「水」とかかわる遊びを通して　〜農業用水路での遊び〜

　保育現場では、「水遊び」は、かかせない遊びだといえます。子どもの水遊びは、成長的意義と治療的意義の2つの視点から有用性が指摘されています。成長的意義については、水の持つ特別な性質が子どもの快適感や精神的、感覚的な面に影響を及ぼすこと（Kami；1985）、水を介して得られる様々な刺激が

心身の健全さを維持すること（平井ら：1996）、水の中で全身を使って遊ぶことは皮膚への刺激にもなり、身体各部を調和的に発達させ、感覚的快感を与える（岡田：2001）といった研究結果があります。治療的意義には、攻撃衝動が強い子どもが水遊びに転じたときに攻撃衝動を鎮静化させ落ち着きを取り戻したり、心を解放させ活気づける効果があるという指摘があります。（Hartley：1952）大辻ら（2005）は、上記の研究成果をもとに追試研究を行い、短期水遊び保育が、子どもの個性の成長を促進し、特に攻撃性を緩和する機能をもっていることを明らかにしました。ここでは、C園の水遊びの事例を紹介します。

園庭内の水路遊びでは、それぞれの年齢に応じた遊びを楽しむと同時に、水を媒体とした探求的態度が見られます。水の流れを強く感じることのできる裏山の農業用水路では、勢いのある水の流れの中で、押し流されたりしそうになる体験をし、勢いのある水の力を実感しました。また、透明の温水チューブを使った遊びでは、チューブの中に石や花を入れることで、自分が流したものが流れていく様子を確認し、水の流れを可視化することができました。

C園では、毎月1回、小学1年生との交流活動を実施しています。運動会や収穫祭、お茶会、発表会、地域の祭り等、密接な連携を図っており、農業用水路の遊びでは、生活科の授業にて児童が園を訪れました。以下は、農業用水路での園児と児童とのかかわりを記録したものです。【　】内は、子ども達のつぶやきに、保育者が意味付けをしたものです。

【事例2】 水本来の冷たさや流れの勢いを感じよう

　C園では、「水育」と称し、水とのふれ合いを大切にしています。「蛇口をひねれば水が出る」ことが当たり前の生活になっていますが、「水育」では、水道水を使わず、園庭内の水路や裏山にある農業用水路の水を園庭に引き入れるなどして、季節に応じた水の冷たさや流れる水の力を子ども達に実感させることを目的としています。

①園庭内の水路での遊び
　普段の保育活動では、3歳未満児は、水路の中を歩いて水の感覚を楽しむ姿が見られます。3歳児は水をくんで砂場遊びに活用し、4、5歳児は大きな石で水路をせき止めたりしながら、水の流れの変化を楽しんでいます。

②裏山の大きな農業用水路「承水路(しょうすいろ)」
　園庭に隣接した裏山を登ると、幅70cm程の農業用水路があります。農業用水路は、園庭内の水路よりも大きく、流れも急です。農業用水路を見た年長児は、草などをちぎって水路に流し、草が流れる速さを競う遊びをしはじめます。柚子の実など重いものも流す姿も見られました。また、用水路の水の流れを確認した後、服のままで用水路の中に入って遊ぶようになり、大きな石で急な水の流れをせき止めようとする子どもの姿もありました。地域の方は、この農業用水路を「承水路」と呼んでいます。「承水路」とは、山からの水を承る、つまり、「ありがたくいただく」という意味で、稲作に都合よく管理できる水路です。この水路は、お米にとって大切な水路であることも、子ども達に知らせました。

③温水チューブを使った水遊び
　夏になると、水遊びで使用する水の量が増えるため、農業用水路の水を園庭に引き込む方法はないだろうかと保育者同士で話し合い、透明の温水チューブを利用して園内に水を引き込むことになりました。子ども達と一緒に試行錯誤しながら作業をしていたら、地域の方が通りかかり、「そんな方法では水は引けないよ」とのこと。地域の方々が自宅からパイプを持って来てくださり、水を引き込む仕組みができあがりました。しかし、子ども達は、パイプで水を園庭に引き入れたことよりも、裏山から園庭に流れる温水チューブの水の流れに興味を示し、温水チューブを手で握り、水の流れを止めて一気に手を離したり、温水チューブの中に石や花を入れて流す遊びを楽しんでいました。

第4章　物的環境とのかかわり

①温水チューブの水が上手く流れない

記録日：5月22日	天候：晴れ	対象：4・5歳児、小学1年生

農業用水路からパイプ、温水チューブを通して水が流れ始めるが、どうして遊ぶのか友だちと相談し始める。
4歳S児：このみず、どうする？【かかわり】
5歳O児：こっちにつなげたら？【思考力】
小Hさん：じゃあ、こうしてみる？【提案】
5歳O児：うん、いいよ【共通の目的意識】
～温水チューブをつなぎ合わせながら、低い方
　（園庭の方向）へと流していく～
4歳S児：わ～、みずがよくながれるなぁ【喜び】
5歳O児：あっ、あそこでみずがとまった！
　　　　なんでかな？【思考力】
～突然に水の流れが止まる～
小Hさん：あっ、ビニールがねじれとるけ、ながれんだが！【気づき・改善】
～ビニールのねじれを直していく～
4歳S児：わ　みずがながれてきたよ！【驚き】
5歳O児：わ～、みずがよくながれるなぁ【共感】
～ねじれの気づきから水の流れを止める遊びに発展していく～

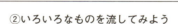

温水チューブの中の水の流れを
止めている場面

②いろいろなものを流してみよう

記録日：5月22日	天候：晴れ	対象：4・5歳児、小学1年生

4歳のN児が、温水チューブの中に花びらを入れて流そうとする。
4歳N児：ここに、はなをいれてみようや
　　　　　　　　　【チャレンジ】
4歳K児：ながれた！ながれた！【感動】
小Hさん：ぼくは、石をいれてみよう【探求心】
4歳S児：こっちまで、はながながれてきたよ
　　　　　　　　　【驚き・関心】
5歳O児：あ、いしもゆっくりながれてきた
　　　　　　　　　【気づき】
4歳N児：わたしも、やってみる！【意欲】

温水チューブの中に、いろいろ
なものを流している場面

　①温水チューブの水が上手く流れないでは、園児の「このみず、どうする？」「こっちにつなげたら？」のつぶやきに対し、児童が温水チューブをつなぎ合わせながら、傾斜のかかった園庭の低い方へ水を流しはじめました。また、突然水が流れない様子を知り、児童が温水チューブのねじれ部分に気付いて直し

115

てくれました。また、「②いろいろなものを流してみよう」では、園児が花び
らを流した姿を見て、児童は石を流してみようと試みていました。温水チュー
ブの中の勢いのある水の流れを花びらの動きで確認し、もっと重たいものを流
してみようと考えたのです。これら場面を取り出しただけでも、小学1年生の
気付きやアイデアが、園児の遊びを発展させていることがわかります。C園では、
園児と児童が交流を終えた後、保育者と小学校教師が話し合い、交流活動で園
児と児童が何を学び得たかについて振り返りをしています。保育者は子どもの
つぶやきから、子どもが何を学び得ようとしているかを記録に残しています。
このように、園児と児童が学びの場を共有し、その活動への評価を保育者や小
学校教師が行うことで、子ども理解をより一層深めることができるでしょう。

　この実践において、生活科では、どのような目的のもと、園を訪問している
のか、以下の指導計画（一部抜粋）を見てみましょう。

　この活動における生活科の目標は、①園児とともに遊びを工夫し、夏の遊び
を楽しもうとする態度を育てること、②夏の自然を活用した遊びを通して、気
付いたことを表現すること、③自然の不思議さや季節の変化と自分たちの生活
の変化に気付くことが掲げられています。領域「環境」には、「(1)自然に触れ

生活科指導計画
「みんなであそぼう　はる・なつ・あき・ふゆ　～なつだ、とびだそう」

単元	みんなであそぼう　はる・なつ・あき・ふゆ　～なつだ、とびだそう（8時間）6～7月
目標	・園児とともに遊びを工夫し、夏ならではの遊びを楽しもうとする態度を育てる。 ・夏の自然を活用した遊びを通して、楽しかったこと、気付いたことなどを表現することができる。 ・夏の自然と触れ合い、楽しく遊びながら、自然の不思議さや季節の変化と自分たちの生活の変化に気付き、それらを関連付けて考えることができる。
単元の評価基準	○生活への関心・意欲・態度 　園児とともに活動しようとし、夏ならではの遊びを楽しもうとしている。 ○活動や体験についての思考・表現 　夏の自然を使って遊びを工夫し、遊んだことや遊びを通して楽しかったこと、気付いたことなどを絵や言葉を使って表現する。 ○身近な環境や自分についての気付き 　夏の自然を活用した遊びを通して、自然の不思議さや季節の変化と自分たちの生活の変化に気付くことができる。

て生活し、その大きさ、美しさ、不思議さなどに気付く」や「(3)季節により自然や人間の生活に変化のあることに気付く」、「(4)自然などの身近な事象に関心をもち、取り入れて遊ぶ」という内容項目があり、生活科が幼児教育の教育内容をふまえて行われていることがわかると思います。

2. 数量や図形に親しむ

1) 数概念の獲得と数の言語の獲得　～今日のおやすみは、何人いるの？～

　子どもは、生活や遊びの中で、様々な数にかかわります。たとえば、飴玉の数をイチ、ニ、サン…と数えたり、「20数えたら、ブランコをかわる」と順番を待ったり、「時計の針が6のところにきたら、片付けをする」などです。

　数には、基数的側面と序数的側面があります。基数とは、集合の要素の数を表すときに用いられ、序数とは、順番を表す数です。こうした数の獲得は、数概念の獲得（集合数の計数）と数える言語の獲得（イチ、ニ、サン…）の両方が合わさって発達します。数を数えられるようになったからといって、数概念を獲得しているとはいえません。「20数えたら、ブランコをかわる」といった数を数える行為は、教えればできるようになるからです。

　数を数える行為には、5つの原理（Gelman＆Galistel；1978）があります。①1対1対応（数えられる対象と数詞が1対1に対応していること）、②安定した順序（常に同じ順序で数詞が配列されること）、③基数性（ものを数えた際、最後の数がその集合の数の大きさを示していること）、④順序無関連（数える順序は関係なく、全体の集合の個数には変化がないこと）、⑤抽象性（どんなものでも数えることができること）です。①1対1対応や③基数性の獲得は2歳児で、②安定した順序や⑤抽象性の獲得は3歳児で、④順序無関連は4歳児で獲得されるといわれています。

　さて、子どもの数概念の獲得を促すには、保育者として、どのようなかかわりが必要になるでしょうか。はじめは、イチ、ニ、サン…と数を数えることに喜びをもつ姿が見られますが、個数を数えること、順番を数えることの意味を得ると、子どもの中に目的意識をもった行動がうまれます。以下の事例を見て

117

【事例3】今日のおやすみは、何人いるの？

　A園では、登園すると玄関に提示してある名札をひっくり返して自分の顔写真を表示するようにしています。このやり方が定着しだすと、子ども達は、名札を見て「きょうは、○○ちゃんがおやすみだね」とお休みの確認をするようになりました。そのうち、5歳児が名札の顔写真を見て「1、2、3…、きょうは、ばらぐみは15にんがきてるね」と数えはじめました。この人数かぞえは、子ども達の間でブームになり、数に興味のなかった子どもも数字に興味をもちはじめました。また、保育者が調理室の先生に「今日は、2人がお休みです」と報告をしている姿を見た子ども達は、この名札を確認してお休みの人数を数え、調理室の先生に「きょうは、○○ちゃんと○○ちゃんのふたりがおやすみです」と伝えにいくようになりました。

みましょう。

　子ども達は、保育者が調理室の先生に必要な給食の人数を伝えにいく様子をみて、お休みの分の給食はいらないことに気付き、自分達から調理室の先生に伝えにいくようになりました。この事例では、子ども自らが数を数える意味を得ましたが、保育者が子どもの数の認知を手助けしようとする場合、子ども自身が興味を示したものに対し、何のためにその数を数えるのかといった意味を含めて伝えることが重要です。それにより、子どもは数を数えることの必要性を知り、数概念の獲得につながります。

2）数量とのかかわり　〜へびパンを作ろう〜

　最近では、食育プログラムの実践を行っている園も増えてきました。菜園活動やクッキング活動、果物等の収穫体験、牛の搾乳体験等を通して、体験的に数量に興味関心をもたせようとしています。特に「食」に関する活動は、子どもにとっては楽しい活動の1つです。その中で、数量への理解を深めることは、効果が高いといえます。

　パン作りは、生地を作る際に小麦粉の分量を計量カップで測らなければなり

第4章　物的環境とのかかわり

【事例4】へびパンを作ろう

　へびパン作りは、子ども達の大好きなクッキングです。生地を作るまでは一般的なパン作りと同じですが、発酵からは特別な方法を用いています。出来上がった生地をサランラップでまいた後、その生地をストッキングに入れて子どものおなかに巻きつけます。この生地を巻いたまま、1時間程度、鬼ごっこをして遊びます。すると、どうでしょう。子どもの体温で、生地が発酵し、どんどん膨張していきます。はじめて体験した子どもは、「せんせい、おおきくなってきたよ！」「なんで、なんで？」と驚いた様子。何回か体験すると、「せんせい、そろそろいいかんじのおおきさになったよ」「○○ちゃんのは、まだちいさいね」との声が聞かれるようになりました。十分に発酵した後、生地を蛇のように延ばして竹の棒に巻き、炭火で焼きます。炭火のよいにおいとともに、パンが焼きあがるにつれて生地が大きく膨らむ様子を子ども達は大喜びで見入っていました。

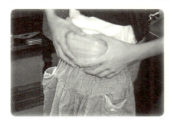 

ません。数を数えることに比べ、重さを計量カップで測ることは、子どもにとっては難しいことです。より容易に測ることを経験させるため、「カップにすりきり1杯」というように、伝え方の工夫が必要になります。この事例では、おなかに巻き付けて生地を発酵させるという保育者のアイデアから、子ども達は、ちょうどよい生地の膨らむ量を体験的に知ります。グラムという単位を学ぶのは、小学校教育からですが、量を知る豊富な経験が基礎にあるからこそ、単位について実感をともなって学べるようになるといえます。

3）図形とのかかわり　～どの形を使えばいいかな？～

　私たちの身の回りには、様々な図形があふれています。基本的な図形とは、丸や三角、四角ですが、子どもにとっては、たとえば、ぐにゃぐにゃした形、三日月型、五角形、六角形と多様な形をしたものは、創造力をかきたてる魅力的な形だといえるでしょう。

　保育現場では、積み木が代表的な素材の一つです。子どもは、はじめは積み

119

木を積み上げる行為を楽しむ中で、組み立てつつイメージをもち、友達と話し合いながら一つのテーマ性をもったもの（たとえば、おうちづくり）まで次々と表現します。構成のパターンの美しさという構成意識が芽生えると、造形的・美術的センスといった感性も養われます。以下は、図形への気付きを年齢別にわけて解説したものです。

３歳頃：ものの形を通して、イメージをして見立てることができます。たとえば、身近な葉っぱや花、木の実、石などの自然物が持つ形の面白さを食べ物に見立てて遊ぶなど、似ている形がわかるようになります。

４歳頃：必要なものの形をイメージしてから、自分で作ることができます。３歳頃には、身の回りにあったものや偶然できたものを何かに見立てて遊ぶ様子がよく見られますが、４歳頃になると、作りたい形を頭の中でイメージして、それを作ろうとします。

５歳頃：大きさや形への意識が高まり、より本物らしく作ろうとします。イメージしたものの形とそれを表現するための手先の器用さが伴うため、細部の形までこだわって作ろうとする姿が見られます。また、たとえば、丸型に切り抜いた紙を子どもに渡すと、すばやくそれを何かに見立てて表現することができます。自転車や車の車輪に見立てたり、フライパンの上で目玉焼きを作る様子を描くなどです。

　以下の事例は、実際の保育現場での子どもが図形とかかわる様子です。

　保育室に、三角や四角だけの素材が用意されていたとしたら、「車を作ってみたい」と思っても車輪部分を上手く表現することができません。同じ長さや形の素材ばかりが用意されている環境では、子ども達の創造力や表現力を十分に発揮させることが難しくなるといえます。そのため、四角といっても、長方形や正方形、ひし形を用意したり、丸形といっても球体、筒状のものといった、いろいろな大きさ、形、高さが異なる素材を用意することで、図形の認知を促し、イメージしたことを表現する幅も広がります。

【事例5】どの形を使えばいいかな？

　木地師さんをゲストティーチャーに迎えて、木工教室を開きました。その後、子ども達が主体的に木工遊びを楽しめるように、さまざまな形の木片、金槌、のこぎり、釘を準備して、木工コーナーを作りました。初めは、木片と木片を合わせて釘を繋げるだけでしたが、釘打ちが上手にできるようになると「車を作ってみたい」「本棚を作ってみたい」と、子ども達の製作意欲はどんどん高まりました。その中で、長方形と長方形を繋げていくと本棚が出来上がること、車を作るには、丸い木片をタイヤにしたらよいなど、図形に興味を持ち始めました。

　保育現場に置いてある積み木は、カプラやビルディングロッズがよく見られますが、他にもネフ社のアングーラー、ネフスピール、セラの積み木も図形認知を育むうえでは有効な素材といえるでしょう。

3．標識・文字に親しむ

1）標識とのかかわり　～シールを作ろう～

　私たちの生活において、標識は至る所で使用されています。たとえば、道路の交通標識であったり、部屋の表示やトイレのマーク、優先座席、車いすのマークなどです。これらのマークには、それぞれに意味が含まれており、一目でみて何を示しているのかがわかります。情報デザインの分野では、標識を代表とする絵文字のことを「ピクトグラム」と呼んでいます。コミュニケーションの手段として扱えるピクトグラムは、情報のバリアーフリー化にも一役買っているといえるでしょう。

　特に標識や記号は、単に面白い模様というだけでなく、コミュニケーションのメッセージを持って使われており、人が何かを伝えたいという思いや気持ちが標識や記号になって表れていることを子ども達に気付かせることが大切だと

いえるでしょう。たとえば、歩行者用信号では、青信号は進んでいる人の様子を表し、赤信号は直立で止まっている人の絵が描かれていることから、子どもにとっては、そのマークが持つ意味を理解することが容易であるといえます。また、標識への興味を引き出すために、自分達でお店のマークやグループのマークを作って遊んだり、園・校外に出かけた際に、「あれは、何のマークかな？」と問いかけて注意を向けさせることも必要だと思います。

　子ども達の生活の中で、多くの標識にふれさせながら、次第に標識とその意味との関係に気付かせていくようにしましょう。

①シール作りをする前に

　子どもたちでも簡単な図形を組み合わせて、自分のマークや、自分たちが使用する部屋の標識を作ることができます。標識を自分たちで作ることによって、標識に対する理解が深まっていくことでしょう。

　ここでは、マイクロソフト社のプレゼンテーションソフト「パワーポイント」の作図機能を使って、シール作りに挑戦をしてみましょう。パワーポイントでは、複雑な形を簡単な図形に分解して、一つの作図を作ります。保育者自身が作図をすることを通して、図形に対する感性を磨きましょう。

②シール作りの手順

　絵やウェブ上の素材サイトにある画像を使って、連絡帳に貼るような丸シールを「ワード」を使用して作成することができます。ここでは、エーワン社の「手書きもプリントもできるラベル丸型」（品番26103）を使用します。この用紙は、はがき大の大きさに直径15mmの丸型シールが28面あり、インクジェットプリ

第4章 物的環境とのかかわり

パワーポイントの活用方法

①PowerPointの作図機能を習得する
　PowerPointの図形作成機能に慣れるために、図形を描いたり、その図形の枠線の色を変えたり、図形に色を塗る方法を練習しましょう。慣れてきたら、図形の移動・変形・複写・削除といった編集機能を学習します。
　この段階の締めくくりとして、三角形２つの円を組み合わせてリボンを作ったり、簡単な顔を作ったりして、学習内容を定着させると良いでしょう。

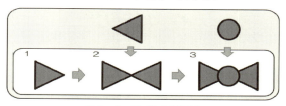

図4－4　「リボンの作り方」

②簡単な題材を用いて形を作る
　①にて習得した技能を使って、簡単なものを作ってみましょう。私は、その題材にみんなが知っているキャラクターの顔を使っています。理由は、キャラクターの知名度が高いため、作業の到達点である顔が明確であり、作業途中の見通しがきくという利点があるからです。

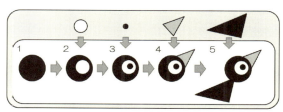

図4－5　「カラスの作成過程」

③図形を組み合わせ、複雑な形を作る
　自分で考えて・工夫して、自作の顔や絵を作ってみましょう。これは、授業用で説明に使う書き方の図です。まず１で円で顔の輪郭を描き、２で弦を使って髪の毛を、３で円弧を使って目と口を描きます。４で黒で塗りつぶした円を並べておさげ髪を作り、５でリボンを付けて完成です。

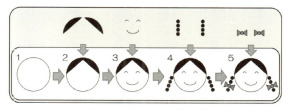

図4－6　「女の子の作成過程」

123

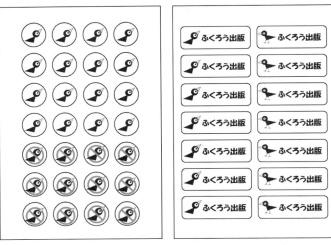

図4−7 「丸型シール(左)、なまえシール(右)」

ンタで印刷ができます(図4−7左)。ワードを立ち上げた後、自分の好きな素材をエーワン社のラベルの大きさに合わせて図を並べていくだけで簡単にできます。また、文字と組み合わせてなまえシールを作ることも可能です。なまえシールは、同じくエーワン社の「お名前シール14面」(品番39383)を使用すると便利でしょう(図4−7右)。作成したなまえシールは、自分の道具箱や教科書に貼ったり、友達同士で交換をすることもできます。

第４章　物的環境とのかかわり

２）文字とのかかわり　〜乳幼児期の言語発達と思考力の育成〜

　幼児期における「ものの見方・考え方」の獲得とは、それぞれの家庭環境や生活経験の中で、身近な環境に主体的にかかわり、遊びの中で心動かされる体験を通して、諸感覚を働かせ、試行錯誤したり、思い巡らしたりしながら、物事のイメージを形成し、意味を知ることにあります。多様な体験等を通して培われた力は、小学校以降における各教科等の「ものの見方・考え方」の基礎になるとともに、これらを統合化するために必要となるものです。この「ものの見方・考え方」の獲得は、言語能力と連動しており、2017年度に公表された「新幼稚園教育要領」の領域「言葉」や「表現」の「ねらい」と「内容」に具体的に反映されました。

　領域「言葉」では、ねらいに「言葉に対する感覚を豊かにする」とあり、言葉の理解と、言葉の理解を育てる絵本・物語に接すること、先生や友だちと言葉により心を通わせるといった項目が追加されました。これに伴って、内容の

領域「言葉」と「表現」のねらいと内容の抜粋

◆領域「言葉」
１．ねらい
　(3)日常生活に必要な言葉が分かるようになるとともに、絵本や物語などに親しみ、言葉に対する感覚を豊かにし、先生や友達と心を通わせる。
３．内容の取扱い
　(4)幼児が生活の中で、言葉の響きやリズム、新しい言葉や表現などに触れ、これらを使う楽しさを味わえるようにすること。その際、絵本や物語に親しんだり、言葉遊びなどをしたりすることを通して、言葉が豊かになるようにすること。（新設）
◆領域「表現」
３．内容の取扱い
　(1)豊かな感性は、身近な環境と十分に関わる中で美しいもの、優れたもの、心を動かす出来事などに出会い、そこから得た感動を他の幼児や教師と共有し、様々に表現することなどを通して養われるようにすること。その際、風の音や雨の音、身近にある草や花の形や色など自然の中にある音、形、色などに気付くようにすること。
　(3)生活経験や発達に応じ、自ら様々な表現を楽しみ、表現する意欲を十分に発揮させることができるように、遊具や用具などを整えたり、様々な素材や表現の仕方に親しんだり、他の幼児の表現に触れられるよう配慮したりし、表現する過程を大切にして自己表現を楽しめるように工夫すること。
※幼稚園教育要領（2017）から抜粋、下線は筆者による

125

取扱いに「言葉の響きやリズムや新しい言葉や表現に触れることやこれらを使う楽しさを味わえるようにする」ために、「絵本や物語に親しむこと」や「言葉遊びなどをすること」が新設されました。領域「表現」では、感性の育ちは表現作品以前の身近な環境の中にある音や形などから始まるため、内容の取扱いに「その際、風の音や雨の音、身近にある草や花の形や色など自然の中にある音、形、色などに気付くようにすること」が付加されました。同じく内容の取扱いに、素材に触れることで感覚器官が刺激され、そのことが言語表現活動そのものの幅を広げることにつながるため、内容の取扱いには「様々な素材や表現の仕方に親しんだり」も挿入されました。領域「環境」の内容項目には「(10)日常生活の中で簡単な標識や文字などに関心をもつ」があり、領域「言葉」・「表現」の項目を意識しながら言語環境の整備をする必要があるといえます。

①言語の発達と思考力の育成

　子どもは、一人ひとり異なる資質や特性をもっており、その成長には個人差があります。しかし、子どもの発達の道筋やその順序性には、以下のような言語発達の段階があります。言語発達は、思考力獲得の過程でもあります。

> ①情緒的交流が中心で、保護者解釈の段階（０ヶ月〜１２ヶ月）
> ②ものの名前がわかり始める段階（１２ヶ月〜１歳６ヶ月）
> ③２つのことの関連性に気づき始める段階（１歳６ヶ月〜２歳前後）
> ④３つのことの関連性に気付き始める段階（２歳前後〜３歳前後）
> ⑤重文・複文が出てきて因果関係の表現が発展する段階（３歳〜５歳）
> ⑥現前事象から独立した言語体系が確立される段階（５歳〜６歳）

　０〜６歳の子どもの言語コミュニケーション発達を基盤にしてつくられた「言語性の発達検査（LCスケール）」（2013）というものがあります。この発達検査では、語彙、文法、語操作、対人的なやりとりなどを精査し、LC年齢（言語コミュニケーション年齢）とLC指数（言語コミュニケーション指数）、下位領域である「言語表出」「言語理解」「コミュニケーション」のそれぞれにおけるLC年齢・LC指数を求めることができます。LCスケールによると、６歳前半

第4章　物的環境とのかかわり

までに通過するものとして、受動態の理解、受動態と能動態への変換、じゃんけんのルールの説明、状況画の説明（ある場面でどうしてこのような行動をとりましたか？）、不合理な話（短い物語を聞かせておかしなところは何ですか？）が取り上げられています。6歳後半までに通過するものとしては、助詞と助動詞の理解、論理的表現（○○はどんなところが便利ですか？）、反対語、複雑な指示の理解、時間的な話があります。こうした言語発達において獲得される言語能力を以下に示します。

①基本的文法構造の確立
　助詞と助動詞の理解や受動態と能動態の変換が可能。6歳後半までには基本的な文法構造が確立されると思われる。
②語彙力
　日常的に使われている会話の中の語彙はほとんど理解し使用できる。
③論理的な説明力
　「○○はどんなところが便利ですか？」が答えられることなどからは、日常接するものについての定義がわかって説明できる。
④心の発達
　『その人は知らないわけだから、きっとこういう行動をするはずだ』など、人の思いを推測できる能力が6歳にはかなり発達する。
⑤物語力
　体験したことを『いつ、どんな場面で、どのようなことがあって、どういう結末になり、どう思ったか』などと、相手にわかるように話せる能力（誇張して脚色する場合もある）がかなり発達する。物語能力が進んでいる子は、「おち」とか展開を自然と考えられるようになる。

　LCスケールが示す言語能力は、総合的・統合的な能力であり、絵本や物語の世界を理解することに直結します。絵本や物語などの読み聞かせや劇などを実施する際には、絵本や物語の論理的解釈が必要となるため、伝える側の保育者の作品理解が、子ども達の言語発達にも影響を及ぼすといえます。

②絵本・物語の読み聞かせ
　絵本の読み聞かせについては、幼児教育施設における取り組みに限らず、各家庭や生活支援関連機関、学習塾等においても積極的に取り入れられていま

絵本の読み聞かせ「子どもをひきつけるコツ10ヶ条」

①表紙を見せ、タイトルもしっかり読む。ここで、子どもたちの「わくわく感」を高める。
②ゆっくりと大きな声で読む。句読点も意識する。
③楽しいときには楽しそうに、悲しいときには悲しそうに読む。登場人物によって、声色を変える。
④オチがある絵本も多いので、その前で、しっかりと間をとる。
⑤韻を踏んだ言葉は、リズムに乗って読む。
⑥擬声語・擬態語が多いので、その部分を特に大きな声で読むなど工夫する。
⑦読み手も心から楽しんで読む。
⑧絵本はそれだけで完成した作品。作者の創作意図を尊重し、勝手に説明などを入れない。
⑨大きなひらがなは、指で指すと覚えやすい。
⑩指で指しながら読むと、絵を楽しめる。

す。保育現場においては、日常的に絵本や物語の読み聞かせが行われており、その教育的価値に関する論考は多数あります。近年では、週刊誌上にも「子どもの脳を育む読み聞かせ　佐藤ママおススメの絵本100冊」（「週刊朝日；2017/10/13号」）という絵本の読み聞かせリストが掲載されるようになりました。佐藤ママは、子どもが３歳になるまでに１万冊の絵本を読み聞かせたと述べており、絵本を読み聞かせる際に「子どもをひきつけるコツ10ヶ条」を作っています。

　これは、保育者ではなく、一般人による絵本の読み聞かせに関する10点の指摘です。100冊の絵本リストについても、定番やロングセラーが数多く選択されており、また、小学校の国語科教材も多数含まれています。たとえば、「おおきなかぶ」や「スーホの白い馬」、「ふしぎなたけのこ」、「そして、トンキーもしんだ」、「島ひきおに」などは物語教材であり、説明文教材では「たんぽぽ」が取り上げられています。

　この10ヶ条の④オチがある絵本、⑥擬声語・擬態語、⑧作者の創作意図の尊重は、特に重要だといえます。④オチのある絵本は、作品の構造的な構成を理解させる効果があります。⑥擬声語・擬態語は、言葉の響きやリズムを感じることに直結します。⑧作者の創作意図を尊重するのは、作品の構造的な構成と連動するテーマ設定の妥当性を担保するためです。そのため、読み聞かせを

第4章　物的環境とのかかわり

している読み手が「勝手に説明などを入れない」ということも大切です。絵本は、道徳的な説話・説教ではなく、子どもたちは、絵本や物語の世界をそのまま受け入れるので、読み手が自分の思い込みで、徳目的・表面的な解釈を押しつけることは避けたいところです。ストーリー性のある絵本・物語は、「設定」「展開」「山場」「終末」という構成によって成立しています。メインキャラクターや場面状況が設定され、ストーリーが展開し、山場となるエピソードが描き出され、妥当性の高い終末を迎えます。エピソード間の因果関係が適切に調整されることによって、読み手の納得感や安心感が醸成されます。

第3節　身近なものを大切にする気持ちを育むために

　幼稚園教育要領や保育所保育指針に記載されている「(8) 身近なものを大切にする」では、「身近なものを使って遊ぶことの楽しさを味わい、愛着や親しみをもつことからそれを大切にする気持ちが育つ」と述べられています。本稿では、子どもにとって身近なものを大切にすることとは何か、そのための保育者のかかわりはどうあればよいかについて、事例を参考にしながら学びます。まず、子どもがものに愛着を感じるとはどういうことか、どのようなときに起こるのかを見て、ものを大切にすることについて考えましょう。

1. ものに愛着を感じるときとは

　ある日、園庭で拾った小さな石ころが小鳥の形に似ていると言って、大切に握りしめていた子どもがいました。遊んでいる間中、ずっと握っていたので、体温で温まったようでした。手のひらを開いて見せてくれたとき、小鳥の形をした小石は、子どもの手のひらの汗の湿りで、きらきらと輝いて見えました。その様子は、まるで石に生命が宿って温かくなったかと勘違いするほどでした。

　無機質のものも子どもの手にかかれば命が吹き込まれます。命が宿った石ころは、子どもにとっては大切な「小鳥」だったに違いありません。このように、子どもが、自分にとって価値を見出したとき、例えそれが道端に転がっていた

129

石ころだとしても愛着をもつのです。では、子どもがものに愛着や親しみを感じ、大切にしようとするのはこの他にはどのような場合があるでしょうか。

１）楽しい経験をしたとき

　子どもたちが身近なものに出会い、愛着を感じる場合には、そのものにまつわる体験からのことがよくあります。そのものを巡って友達と楽しい時間を共有したとか、楽しい思い出の品であるとき、ものへの愛着や大切に思う気持ちはより強くなります。その例を見てみましょう。

　12月初旬のことです。寒さに負けず園庭で遊んでいたとき、突然に"石掘り遊び"が始まりました。

　冷たい水できれいに洗ったり、みんなに披露して回ったりする姿から、この石がどれほど大切だったかが分かります。苦労して大きな石を掘り出したという嬉しさと、友達や保育者と一緒に力を合わせた楽しさが込められているのでしょう。「家に持って帰りたい」と言うほどの石への愛着には、嬉しさも楽しさも一緒に持って帰りたいという気持ちが付加されていたと考えられます。保育者は、子どもが抱いた石への思いを、嬉しさの共感という形で受け止めました。

【事例６】うんとこしょ！どっこいしょ!!

　園庭の隅に石が埋まっていました。石の先が少し見えていたのを４歳の男児が見つけ、「こんなところに石が・・・」と気軽な気持ちで掘り始めました。小さいと思っていた石は思いのほか大きく、掘っても掘っても掘り出すことが出来ません。掘り出せないとなると（掘り出したい）思いは強くなります。そばにいた友達や近くを通りかかった保育者にも声をかけ、手伝ってもらいました。掘っていると動きそうになったので、力を合わせて取り出そうと、"大きなかぶ"よろしくみんなで列になって「うんとこしょ！」「どっこいしょ!!」とやっている内に赤ちゃんの頭ほどの大きさの石がとうとう土の中から出てきました。子どもたちは小躍りの喜び様です。いかにもゴツゴツした見栄えの悪い石ですが、手を悴ませながら水できれいに洗い、得意げに他の友達や保育者に見せて回りました。保育者も「やったね」「嬉しいね」と声を掛け、石を撫でながら嬉しさに共感します。そして降園時、最初に掘り始めた子どもは、迎えに来た母親に「この石、家に持って帰りたい！」と訴え、母親を驚かせました。

第4章　物的環境とのかかわり

２）素材に魅力を感じるとき

　自然の素材には、素材そのものの魅力があります。逆に、空容器などの人工的な素材は用い方によって魅力的なものになります。素材に出会ったときの子どもたちの様子から魅力ある素材ということについて見てみましょう。

　子どもたちが、石や木片を手に取って感触を楽しむかのようにいじっていた様子は、素材そのものに関心が向いたことの表れでしょう。神長（1998）は、「人間にとって自然は、疲れ果てた心をいやす場」と自然がもつ癒し効果について述べ、佐々木（1998）も、「昔の子どもは自然と触れ合うことでストレスを解消することができていた」と、自然の治癒力について触れています。事例の子どもたちは、石や木片という小さな自然素材から、自然が持つ癒しや安心感というものを味わっていたのでしょう。

　また、牛乳パックや食品トレイなどの素材は、日常的に価値あるものとして扱われることが少ないのですが、少し手を加えることで魅力ある玩具に変わります。竜をどんどん長く繋いでいた子どもにとって、牛乳パックが今までになく魅力ある素材と感じられたことでしょう。幼稚園教育要領解説に「工夫の仕方で活用できることを知らせ、幼児のものへのかかわりをより豊かに発展させていくことも大切」とありますが、保育者は、価値が感じられないものから価

【事例７】身近な素材を手にした『子育て広場』での子どもの様子

　身近な素材を使ったおもちゃ作りのコーナーをいくつか設けていました。石や木片に絵を描く、切り揃えた牛乳パックを繋いで飛び出すおもちゃを作る、食品トレイを切って飛行機に組み立てる、梱包緩衝剤を切り抜いてうちわを作るなどのコーナーです。最初に訪れた10人ほどの子どもたち（幼児、小学生低学年）が部屋に入ってきたとき、入口で部屋の中をひと回り見渡した後、流れるように全員が"石"と"木片"に絵を描くコーナーへ向かったのです。一瞬のことでした。そして、すぐには描き始めず、丸い石を手に乗せて丸めたり、いろいろな形の石を並べたり、木片を手の平で撫でたり、たたいて音を確かめたりしてしばらくいじっていました。

　飛び出すおもちゃコーナーでは、５cm程に切り揃えた牛乳パックを次々に繋ぎ、輪ゴムで仕掛けをして飛び出す竜を作っている子どもがいました。ある子どもは100個以上も繋ぎ足していき、長くなった竜がどのような飛び出し方をするか根気よく試していました。そして、母親に向かって「家にも牛乳パックあるかなあ」と尋ねていました。この挑戦は家に帰っても続くのでしょう。

値を生み出す体験ができる環境を設けて、ものの良さやかかわり方を子どもたちに伝える必要があるのです。

　この項の冒頭で紹介した子どもは、偶然見つけた石が小鳥に似ていることが嬉しくて大切に握りしめていました。土の中から石を掘り出した子どもは石を水で洗い、みんなに見せて回り、母親に「家に持って帰りたい」と訴えました。子育て広場では、自然素材ならではの性質や楽しい遊び方で素材の魅力を味わっています。この子どもたちは出会った素材にそれぞれ違った形で愛着をもちました。子どもが身近なものに対して価値やかかわる楽しさを感じると、それがそのものへの愛着を生み、かけがえのない大切なものとなるのです。従って保育者は、子どもが身近な素材に触れることのできる環境と、楽しさが十分味わえるような援助によって、ものを大切にする気持ちを育てることが大切です。

２．ものを大切に扱うこととは

　では、ものを大切に扱うこととは、具体的にはどのような子どもの行動をいうのでしょうか。【事例８】の「石ころのお味噌汁…いただきます」と、【事例９】の「先生、こんな小さな紙だったら、捨てても罰当たらんよな」を紹介します。

１）自分たちの遊びに取り入れる

　以下のものは、子どもが園庭で見つけたもの、河原や山で拾ってきたもの、あるいは近隣の方から好意でいただいたもの、保護者や地域の方の協力で集めたものです。これらは、原本（2010）が、「幼児の遊びと学び」の中で述べている「幼児になじみやすく、主体的に繰り返しかかわることのできる環境」という視点から集めました。そして、これらを子どもたちが遊びの中で必要と感じたときにいつでも使えるよう、置き場所を決め、分類して置いておきました。

　アメ玉〜お萩ぐらいの大きさの石ころ、サイコロ型・棒状・板状の木片、木の実、10〜20cm程度の木の枝、貝殻、プリン等のカップ、食品トレイ、空箱、

第4章　物的環境とのかかわり

裁ち残りの布、大きめのボタン、風呂敷、印刷業者からもらったメモ紙状紙
片の束、広告紙、新聞紙、など。

ここではこれらの素材を遊びに取り入れた子どもの活動の様子を紹介しなが
ら、ものを大切にすることは何かを見ていきましょう。

【事例8】石ころのお味噌汁…いただきます

室内に設けてあるままごと遊びの場をのぞいたとき、4歳の女児が「ご馳走ができたの
でどうぞ」と、お盆に載せたご馳走を差し出しました。食べてくれる客を「待ってました！」
とばかりのタイミングです。お盆の上には石ころが入った汁椀、皿には食品トレイを切っ
たものと貝殻、サイコロ状の木片が盛りつけられていました。箸の代わりに木の枝が2本
添えてあります。椀の石は味噌汁だと説明してくれました。ままごと道具にも色の奇麗な
模型の食べ物や箸もあったのですが、石ころを味噌汁に見立て、貝殻や木片を食べ物にし、
ゴツゴツした枝を箸にして、見立てて遊ぶことを楽しんでいるようでした。
保育者が、食べ終わって「ごちそうさまでした」とあいさつをしながらお盆ごと返すと、
女児は石や貝殻などを食材入れに、木の箸は箸入れに丁寧に片付けました。

子どもの見立て遊びからは、そのイメージの豊富さと発想力に驚かされます。
石を味噌汁に見立て、その場を共有している仲間もみんな味噌汁だと納得して
います。友達とイメージを共有することによって、見立てる楽しさをより一層
味わうことができます。ものを介して友達との活動を楽しんでいるのです。そ
のために、何にでも見立てられる「可塑性」や「応答性」のある素材を、子ど
もたちが身近で扱える場所に用意しておくことが大切です。

また、このような経験は、幼稚園教育要領解説（2018）にも「ものを用いて
友達と一緒に遊ぶ中で、そのものへの愛着を共有し、次第に自分たちのもの、
皆のものであるという意識が芽生えてくる」と明記されているように、自分の
ものから皆のものという意識につながり、やがては公共心を育む土台となるで
しょう。このことは、集団生活の中で単に友達とものを一緒に使うというだけ
ではなく、使ったときの楽しさを共有することで育まれていきます。

133

【事例９】 先生、こんな小さな紙だったら、捨てても罰当たらんよな

　絵本の１枚１枚を切り紙で表現していると、切り残しの紙がたくさんできます。その内に切り残しの紙が、用意していた箱から溢れ出るほど一杯になりました。その中にはいろいろな大きさの同じ色の紙がたくさん入っていました。中には、黒色の八つ切り画用紙の真ん中を、あめ玉の大きさに切り抜いただけのものもありました。恐らく目にするために、切り抜いたのでしょう。

　その紙を見たＡちゃんが、「もったいない」と言い出したので、「もったいない」ということについて話し合うことにしました。あめ玉程のものを切り抜くときにはどの位の大きさの紙を使ったら「もったいなくないか」について話し合い、子どもたちから出た意見を元に実際に切って見せました。「じゃあ、目玉の大きさの紙も捨てたらダメだよね」と言う子どももおり、みんなで納得し合いました。

　ところが、たくさんの切り残しの中から必要な色と大きさの紙を選ぶのは子どもたちには大変です。箱の中を探している内に紙が散乱することもありました。そこで保育者は色表示をしたかごを数個用意し、色の仲間（同系色）に分けて入れることを提案しました。大きさも色も入り混じっていた紙を整理することで散乱を解決することができ、必要な色と大きさの紙を探し易くなりました。片づけるとき、指でつまんだ小さな紙片を、「これは捨てようかなあ」と迷う子どもの姿もありました。「まだ使えるよね」、「もったいない！」という言葉もたくさん聞かれます。自分では決められなくて「先生、こんな小さな紙だったら捨てても罰当たらんよな」と保育者に確認に来た子どもには、「こんなに小さくなるまで使ってくれて、紙も嬉しいと思っているよね」と返しました。

２）素材を大切に使う経験をする

　５歳児のクラスにおいて、絵本作りが流行していました。画用紙を顔の形に切り揃えて数枚綴じ、めくる度に違う表情が楽しめる絵本や、めくる毎にしりとり遊びになっている絵本など、いろいろなアイデア絵本を作って楽しんでいました。

　子どもたちは、２か月以上も続いた絵本作りの間、色の仲間（同系色）に関心を持ち、分類することを楽しんでいました。それは、片づけとも遊びとも判断がつかないような活動でした。子どもたちは、色の仲間に分類することを楽しみながら、自然に紙を大切にする経験を積むことになりました。

　小さな目玉を切り抜いただけの黒い八つ切り画用紙を見つけた頃は、保育者が「もったいないね」と繰り返し伝えていましたが、次第に子どもたちの方から「まだ使えるよね」「もったいない」という言葉が多く聞かれるようになりました。それは、子どもたちがこの活動を通して紙片に関心を向け、大切なも

のと感じるようになったからだと思います。

しかし、「もったいない」に線引きをすることは大変難しいことです。例えば、空箱に描かれている花模様を切り抜いて製作をした後、使い残しの箱を「もったいない」と箱入れに戻す子どもを「大切にしているんだね」と褒めたとして、その使い残しの箱を次に誰かが使う可能性はどのくらいあるでしょうか。子どもたちにとっては、残しておく必要性を臨機応変に判断することは難しいことです。そのため、片付ける際には、子どもたちと一緒に1つずつチェックをして捨てるか捨てないかを確かめることも必要でしょう。

3）子どもの思いと保育者の理解

子どもたちは、ものの良し悪しより、本当に必要なものを大切にします。保育者は子どもが何を求め、何を大切に思っているのか把握して環境の準備や提案をしていかなければ、子どもの主体的な遊びを壊してしまったり、保育者主導になって面白味が減退したりということにもなりかねません。子どもの思いと保育者の思いにはずれが生じやすいことを自覚しておく必要があります。事例「お化け屋敷ごっこ・・・だけど」は、そのことを子どもから学んだ例です。

立派に作ったお化けは置いたままになり、愛着は生まれませんでした。子どもたちは、お化けや入場券を介して友達とのかかわりを楽しんでいたのです。お化け屋敷なら立派なお化けが遊びを盛り上げるだろうと考えた保育者の理解はずれていました。子どもの大切なものは、友達とお化けごっこが楽しめる小さなお化けだったのです。子どもたちがその遊びの中で、何を楽しいと感じ、大切だと思っているかを読み取り、子どもの思いに沿っていく保育者の援助が必要であることを、この子どもたちから学ぶことになりました。

神長（1998）は、『保育の基本と環境の構成』の中で、「環境構成のポイントとして、この環境の中で子どもがどんな活動を生みだし、展開していくかを、子どもの視点で、子どもの筋道で予想することが大切」など、大人の価値観を押し付けないで、子どもの視点から見ていくことの大切さを述べています。子どもたちがものとかかわって遊ぶことを楽しいと感じ、ものの良さを十分に味

【事例10】 お化け屋敷ごっこ…だけど

　　5歳の男児が紙切れに描いた顔に目玉を1つ描き加え、友達に「3つ目小僧〜」とふざけて見せたことから、「（3つ目小僧よりもっと怖い）4つ目小僧〜」「（それよりもっと怖い）首なし人間〜」と〝お化けごっこ〟が始まりました。

　　10㎝程度の紙切れに線描きした簡単な〝お化け〟ですが、子どもたちは、友達が「キャー」と反応して逃げてくれることが楽しくて繰り返しているようでした。その遊びが余程楽しかったのか、次の日も登園するなり大切に仕舞っておいたお化けを出して〝お化けごっこ〟が再開されました。楽しそうな様子を見て友達も次々に寄ってきました。遊戯室の大型箱積み木でお化け屋敷を作ろうという提案もあって、遊びはどんどん大きくなり、4歳児も加わって〝お化け屋敷ごっこ〟に発展していきました。小さな紙切れに簡単に描いたお化けですが、4歳の女児は「怖い」と本当に泣き出しました。

　　そこで保育者は、「もっと怖いお化けを作らない？」と子どもたちに提案しました。保育者の提案を受け入れた一部の子どもは、厚手の大きな画用紙や紙袋を使って「もっと怖いお化け」を、時間をかけて作りました。

　　ところがその横では、相変わらず紙切れに線描きの小さなお化けを使って「お化け〜」「キャー怖い！」と脅かす・逃げるの遊びが繰り返されていました。また、別の子どもは、入場券を作って園中に配っていました。入場券を持ってお客がやってくると案内係もできました。時間を掛けて立派なお化けを作った子どもは、出来上がったお化けを屋敷に置いたまま、小さな自分のお化けを持って脅かす・逃げるの遊びに加わりました。

わうためには、子どもにとって本当に大切なものは何か、何に愛着を感じているかを、子どもをよく観察し、汲み取って援助していく必要があります。

4）環境の工夫と保育者のこだわり

　就学前教育では、「遊びを通して総合的に」保育・教育を行うことを基本としています。また、子どもが環境に自ら働きかけ、主体的に活動する中で、体験を通して総合的に発達することを目指しています。そのためには、子どもが主体的にかかわれる環境、遊びに取り入れられる「応答性」のある環境を工夫することが必要になります。それが、【事例6】「うんとこしょ！どっこいしょ‼」のような遊びが子どもの中からはじまる園の環境、お化け屋敷ごっこが子ども達の力で発展していくような環境であり、【事例8】「石ころのお味噌汁…いただきます」で紹介した素材の準備です。そして保育者は、子どもたちがさまざまな体験を重ねながらものの良さを味わい、ものを大切にする子どもとして

第4章 物的環境とのかかわり

育っていくよう、子どもの思いを大切にしながら保育者が援助することが求められます。

また、【事例9】「先生、こんな小さな紙だったら、捨てても罰当たらんよな」では、保育者が子どもたちに紙の色分けを提案したように、保育者の子どもに対する積極的なかかわりも必要です。4歳児が、遊びの中で、大型の積み木を乱暴に放り投げるという出来事がありました。その場にいた先生が積み木を拾い上げ、赤ん坊をだっこするように抱えて「痛かったね」と撫でると、4歳児は動きを止めて先生の様子を見ていたのですが、しばらくして「ごめんなさい」と自分から謝ってきました。直接的に「放り投げたらいけません！」と子どもに指導できますが、積み木を撫でるという態度をもって、ものの大切さをきちんと伝えたいという保育者のある種のこだわりが見えた場面でした。そのこだわりや課題意識が、子どもの心に影響を与えていきます。

引用・参考文献

第1節

Kamii, C., & DeVries, R. (1993). Reissued with a new introduction, Physical Knowledge in Preschool Education:Implications of Piaget's theory. Teachers College, Columbia University.

イアン・レズリー著・須川綾子翻訳 (2016)『子どもは40000回質問する　あなたの人生を創る「好奇心」の驚くべき力』光文社：pp.78-85

厚生労働省 (2017)『保育所保育指針＜平成29年告示＞』フレーベル館

厚生労働省編 (2018)『保育所保育指針解説書』フレーベル館

佐々木聡子・萋野悟郎・井桁容子・小池田千春 (2000)「集団保育における幼児食：その3 調理保育のあり方について」『日本保育学会大会研究論文集』53：pp.200-201

主婦の友社 (2009)『ババロア・ムース・プリン・ゼリー』主婦の友社

ジョン・オーツ/アンドルー・グレイソン編、井狩幸雄監訳 (2010)『子どもの認知と言語はどう発達するか』松柏社：pp.281-325

生活環境教育研究会編 (2003)『絵本 おもしろふしぎ食べもの加工［1］ぷるぷるか

たまるふしぎ』農山漁村文化協会

生活環境教育研究会編（2003）『絵本 おもしろふしぎ食べもの加工［3］おやおや色・味・香りのふしぎ』農山漁村文化協会

高柳雄一監修『NATURAふしぎをためす図鑑1　かがくあそび』（2012）フレーベル館

中央教育審議会（初等中等教育局幼稚園課）（1997）「時代の変化に対応した今後の幼稚園教育の在り方について－最終報告－」文部科学省

中央教育審議会（初等中等教育局幼稚園課）（2005）「子どもを取り巻く環境の変化を踏まえた今後の幼児教育の在り方について」文部科学省

日本経済新聞朝刊ニュースクール『すぐできる自由研究　塩の力でアイスをつくろう「おうちで理科」セレクト集（4）』2012年7月21日付

文部科学省（2017）『幼稚園教育要領』フレーベル館

文部科学省編（2018）『幼稚園教育要領解説』フレーベル館

米村でんじろう監修（2009）『米村でんじろうのDVDでわかるおもしろ実験!!』講談社

第2節

Gelman, R. & Gallistel, C.R.（1978）The child's understanding of number. Cambridge, MA：Harvard Univ Press.

Hartley, R. E.（1952）The Benefits of Water-Play, Chapter V. In Understanding Children's Play. Ed. Ruth, E, Hartley and Lawrence, K, Frank and Robert, M, Goldenson. New York Columbia University Press.

Kami, C. and Devries, R.（1985）吉田恒子他訳『あそびの理論と実践—ピアジェ理論の幼児教育の適用』風媒社

伊崎一夫（2015）「論理的思考力の要素をふまえた物語文教材の指導（特集 実践的思考力・課題解決力を鍛える：PISA型学力をどう育てるか）」金子書房・教育フォーラム（55）：pp.48-58

伊崎一夫・岡本恵太（2017）「新学習指導要領における「言葉による見方・考え方」の三側面－小中9年間を見通す学習指導の方向性－」奈良学園大学紀要7：pp.1-13

伊崎一夫（2018）「乳幼児期の言語発達と思考力の育成（1）幼児教育の連続と発展」

奈良学園大学紀要8：pp.1-12

伊崎一夫（2018）「「考え、議論する道徳」への質的転換に関する研究（1）読み物教材における「自我関与」の強化」奈良学園大学紀要9：pp.1-12

伊崎一夫編（2018）『「見方・考え方」を鍛える小学校国語科の「思考スキル」』東洋出版社

大辻隆夫・塩川真理・田中野枝（2005）「保育における水遊びの効果に関する一研究：投影樹木画法における成長指標（GCL）とトラウマ指標（TCL）からの検討」京都女子大学発達教育学部紀要1：pp.51-61

大伴潔・林安紀子・橋本創一・池田一成・菅野敦（2013）「LCスケール増補版言語・コミュニケーション発達スケール」学苑社

岡田督（2001）『攻撃性の心理』ナカニシヤ出版

黒澤俊二監修（2008）『小学館の子ども図解プレNEO楽しく遊ぶ学ぶ　かず・かたちの図鑑』小学館

公益財団法人　交通エコロジー・モビリティー財団　標準案内用図記号　http://www.ecomo.or.jp/

厚生労働省（2017）『保育所保育指針＜平成29年告示＞』フレーベル館

厚生労働省編（2018）『保育所保育指針解説書』フレーベル館

佐藤亮子（2017）「子どもの脳を育む読み聞かせ　佐藤ママおススメの絵本100冊」週刊朝日2017/10/13号

平井タカネ・村岡眞澄（1996）『幼児教育法領域「健康」子どもの健康－心とからだ－（実技編）』三晃書房

深谷昌志・深谷和子編著（1990）『子どもの世界の遊びと流行』大日本図書：p.152

無藤隆（2001）『知的好奇心を育てる保育　学びの三つのモード論』フレーベル館

村越愛策監修（2003）『サインとマーク』フレーベル館

文部科学省（2017）『幼稚園教育要領』フレーベル館

文部科学省編（2018）『幼稚園教育要領解説』フレーベル館

第3節

神長美津子（1998）『保育の基本と環境の構成』ひかりのくに

厚生労働省（2017）『保育所保育指針＜平成29年告示＞』フレーベル館

厚生労働省編（2018）『保育所保育指針解説書』フレーベル館

佐々木正美（1998）『子どもへのまなざし』福音館書店

原本憲子（2010）「第4章 領域『環境』にみる幼児の遊びと学び」塩美佐枝編著『幼児の遊びと学び』チャイルド本社：pp.66-82

文部科学省（2017）『幼稚園教育要領』フレーベル館

文部科学省編（2018）『幼稚園教育要領解説』フレーベル館

第5章

社会環境とのかかわり

第1節　子どもの生活における行事の意義と役割

１．園・学校生活における行事とは

１）園・学校生活における行事の実際

　現代社会は、少子化や核家族化の進行のもと、家族のつながりや地域の人間関係が希薄になってきました。こうした社会の変化により、次世代への日本の伝統・文化の継承を、家庭や地域社会のみに任せることは難しくなってきたといえます。保護者の中には、園や小学校での年中行事を通して、初めてその行事の意味を知ったという方も少なくありません。また、最近は園と小学校との連携、地域社会との連携が求められていますので、交流を目的とした行事も増えています。さらに、園では、地域の子育て支援の拠点として役割が求められていることから、子育て支援事業としての年中行事も実施されるようになってきました。こうした状況において、園や学校における年中行事の意義や役割はますます大きなものとなっています。

　以下、「N幼稚園の１年間の主な行事」（表５−１）を事例として取り上げましたので、１年間にどれくらいの行事があるのか見てみましょう。表５−１からもわかるように、園では様々な行事が実施されています。園ならではの行事もあれば、近隣の保育所・小学校・中学校や地域との交流を目的とした連携行事、地域の子育て支援の拠点としての行事などその内容は多岐に渡ります。表５−２は、園・学校生活における主な行事の分類となります。

表5－1　N幼稚園の1年間の主な行事

月	行事の内容
4月	入園式・始業式・家庭訪問・参観日
5月	こどもの日の集い・親子遠足・交通安全教室・人形劇観劇・子育て支援広場 保育園との交流会・地域との交流会・園外保育（神社・公園）・お茶会
6月	幼小合同運動会・老人会との交流会・カレーパーティ・学級懇談会・子育て支援広場
7月	七夕祭り・老人会との交流会・子育て支援広場・自由参観日・終業式
8月	夏祭り
9月	始業式・参観日・子育て支援広場・小学校給食試食会・老人会との交流会
10月	運動会・動物園見学・芋掘り・交通安全教室・園外保育・子育て支援広場
11月	山登り・地域交流会・焼き芋パーティ・地域の祭り・お茶会・参観日・子育て支援広場・中学生職場体験
12月	生活発表会（年長）・自由参観日・もちつき会・お楽しみ会・個人懇談・終業式・子育て支援広場
1月	始業式・老人会との交流会（正月遊び）・日曜参観日・子育て支援広場
2月	生活発表会（年少）・自由参観日・豆まき会・交通安全教室・お茶会・観劇・小学校一日体験入学（年長）・小学校造形展見学・子育て支援広場
3月	ひな祭り会・お別れ会・修了式・卒業式

表5－2　園・学校生活における行事の分類

分類	行事の内容
成長の節目に行う儀式	入園式・進級式・始業式・終業式・修了式・卒業式・誕生会など
年中行事や伝承行事	こどもの日の集い・母の日・時の記念日・父の日・七夕祭り・地域の祭り・敬老の日もちつき・豆まき・ひな祭り　など
保育のまとめを発表する行事	生活発表会・運動会・音楽会・造形展　など
園外保育	遠足・観劇・動物園見学・山登り・芋掘り　など
連携行事	保育所・小学校・中学校・地域との交流会　など
保護者を対象とした行事	参観日・学級懇談会・個人懇談会・講演会　など
子育て支援行事	地域の子育て家庭を対象とした催し　など

　このように、園や学校では、年間を通して数多くの行事が実施されています。月によっては、大きな行事が目白押しで行事に追われてしまうこともあります。発表会や運動会などの日頃の保育・教育のまとめとする行事の場合、行事を行うことが活動の目的になっていないかに留意する必要があります。行事の実施が目的になってしまうと、保育者・教師主導の展開となり、子どもたちは活動

第5章　社会環境とのかかわり

に対して受動的になる危険性があります。行事が、子どもの自然な生活の流れに変化や潤いを与えるものどころか、生活そのものを窮屈なものにし、追い立ててしまうものとなってしまうこともあります。また、いくら楽しい行事であっても数が多すぎると、園・学校生活が落ち着きの無いものになり、子どもの負担になってしまいます。

　最近は、保幼小連携行事や地域社会との交流行事、子育て支援事業の推進が求められています。これらのように相手方のある行事は、先方との日程調整や事前打ち合わせなども必要ですし、また、いったん始めると中止することが難しいといった実情があります。こうした行事を取り入れながら、毎年恒例だからという理由で今までの行事を実施していくと、行事にかかる時間も数も増加する一方です。だからこそ、行事は教育的価値を十分検討し適切なものを精選することが必要となります。ここで、行事を取り入れる際の留意点を以下にまとめておきます。

【教育的価値を考えた行事実施の留意点】
　　①子どもの園生活の流れに無理なく位置付いているか
　　②子どもの成長・発達段階に即した内容となっているか
　　③その行事のねらいは明確かどうか
　　④その行事を通して子どもは何を経験する（した）のか
　　⑤他の行事との関係、関連性はどうか

２）領域「環境」における行事の意義と役割
　領域「環境」において、行事はどのように取り上げられているかについて、『幼稚園教育要領』、『幼稚園教育要領解説』、『保育所保育指針』、『保育所保育指針解説』を参考として、考えてみましょう。
　2009年度の『幼稚園教育要領』では、行事を取り扱った内容項目が「幼稚園内外の行事において国旗に親しむ」のみであり、この項目に対して「幼児期においては、幼稚園や地域の行事などに参加したりする中で、日本の国旗に接し、

143

自然に親しみをもつようにし、将来の国民としての情操や意識の芽生えを培うことが大切である」（幼稚園教育要領解説：2010）とされ、行事の役割が、日本の国旗に親しむ機会として捉えられているようにみえました。今回、2017年度の『幼稚園教育要領』改訂では、領域「環境」の「内容の取扱い」の中に、「文化や伝統に親しむ際には、正月や節句など我が国の伝統的な<u>行事</u>、国歌、唱歌、わらべうたや伝統的な遊びに親しんだり、異なる文化に触れる活動に親しんだりすることを通じて、社会とのつながりの意識や国際理解の意識の芽生えなどが養われるようにすること」（下線部は筆者による）が新たに明記されたことから、園内で実施する行事の意義と役割が、より明確に位置づけられたといえます。

　他にも、領域「環境」の内容には、「(3)季節により自然や人間の生活に変化のあることに気付く」とあり、その解説の中では、園外保育や年中行事を通して、季節による自然や人々の生活の変化を感じること、四季折々の伝統行事に触れることの大切さについて述べられています。

(3)季節により自然や人間の生活に変化のあることに気付く
幼稚園の外に出掛けると、季節による自然や生活の変化を感じる機会が多い。幼児が四季折々の変化に触れることができるように、園外保育を計画していくことも必要である。かつては、地域の人々の営みの中にあふれていた季節感も失われつつある傾向もあり、秋の収穫に感謝する祭り、節句、正月を迎える行事などの四季折々の地域や家庭の伝統的な行事に触れる機会をもつことも大切である。（行事に関する記述のみ抜粋・下線部は筆者による）（文部科学省（2018）『幼稚園教育要領解説』pp.187-188）

　次に『保育所保育指針』（2017）を見てみましょう。『保育所保育指針』（2017）では、「環境」の内容において、「⑥近隣の生活や季節の行事などに興味や関心をもつ」（１歳以上３歳未満児）、「⑫保育所内外の行事において国旗に親しむ」（３歳以上児）となっています。『保育所保育指針解説』（2018）では、この内容に関して次のように解説されています。

第5章　社会環境とのかかわり

⑥近隣の生活や季節の行事などに興味や関心をもつ（1歳以上3歳未満児）

　子どもは、友達や保育士等と共に季節や折々の文化、行事に触れて、その雰囲気を味わったり、楽しんだりする。行事に合わせて彩りの添えられた保育室の飾りや食事、わくわくするような活動、少しだけ改まって特別感を味わう体験など、普段の生活とは違う環境の中で、子どもなりに保育士等や友達との一体感、季節や自身の成長の節目などを感じる。こうした経験を通して、子どもは日常の遊びにも自分の体験したことを取り入れたりしながら、自分を取り巻く地域の自然や伝統文化などに興味を向けるようになってくる。保育においては子どもが季節の変化を感じ取ることができるようにするとともに、保育士等が季節感を取り入れた生活を楽しむ取組が求められる。また、子どもが季節の行事などに興味をもって発する言葉に共感し、適切に働きかけていくことが大切である。（行事に関する記述のみ抜粋）（厚生労働省（2018）『保育所保育指針解説』pp.157-158）

（ウ）内容の取扱い（1歳以上3歳未満児）
③地域の生活や季節の行事などに触れる際には、社会とのつながりや地域社会の文化への気付きにつながるものとなることが望ましいこと。その際、保育所内外の行事や地域の人々との触れ合いなどを通して行うこと等も考慮すること。

　子どもは、その地域のつながりの中で育っていくものである。保育所周辺の散歩中に出会った近隣の住民から声をかけられ言葉を交わしたり、商店にあるものを見せてもらったりと、家庭での生活ではあまり得られない、地域に暮らす人と触れ合って受け入れられる経験を通して、地域の様々な世代や立場の人の存在を知る。
　また、毎日の保育の中でも、わらべうたや昔話などを通してその季節や文化を取り入れた遊びを楽しんだり、行事食を体験したりすることで、伝統的な文化に触れるきっかけを得る。年長の子どもたちのお祭りごっこなどを見たり、参加したりすることも、行事に親しみをもつ機会となる。
　保育士等は、その地域の伝統的な生活習慣を子どもと一緒に楽しむなど、地域の文化に子どもが親しむ体験をもつことができるようにしていくことが大切である。保育所が子どもと地域をつなぐ存在となり、子どもが地域に見守られながら育つ喜びを味わえるよう、子どもなりに楽しんだり取り組めたりするような体験を計画することが求められる。保育士等は、自らがその地域の生活に触れたり文化の由来に関心をもったりして、地域の人々と積極的に関わりをもつようにすることが重要である。保育士等がその地域に愛着をもって関わろうとする態度をもつことで、保育所と地域の交流の機会が生まれ、子どもが地域に受け入れられていく。（厚生労働省（2018）『保育所保育指針解説』pp.160-161）

⑫保育所内外の行事において国旗に親しむ（3歳以上児）

　幼児期においては、保育所や地域の行事などに参加したりする中で、日本の国旗に接し、自然に親しみをもつようにし、将来の国民としての情操や意識の芽生えを培うことが大切である。保育所においては、国旗が掲揚されている運動会に参加したり、自分で国旗を作ったりして、日常生活の中で国旗に接するいろいろな機会をもたせることにより、自然に日本の国旗に親しみを感じるようにさせることが大切である。また、そのようなことから、国際理解の芽生えを培うことも大切である。（厚生労働省（2018）『保育所保育指針解説』p.249）

（ウ）内容の取扱い（3歳以上児）
④文化や伝統に親しむ際には、正月や節句など我が国の伝統的な行事、国歌、唱歌、わらべうたや我が国の伝統的な遊びに親しんだり、異なる文化に触れる活動に親しんだりすることを通じて、社会とのつながりの意識や国際理解の意識の芽生えなどが養われるようにすること。

　子どもは、地域の人々とのつながりを深め、身近な文化や伝統に親しむ中で、自分を取り巻く生活の有り様に気付き、社会とのつながりの意識や国際理解の意識が芽生えていく。このため、生活の中で、子どもが正月の餅つきや七夕の飾り付けなど四季折々に行われる我が

145

国の伝統的な行事に参加したり、国歌を聞いたりして自然に親しみを感じるようになったり、古くから親しまれてきた唱歌、わらべうたの楽しさを味わったり、こま回しや凧揚げなど我が国の伝統的な遊びをしたり、様々な国や地域の食に触れるなど異なる文化に触れたりすることを通じて、文化や伝統に親しみをもつようになる。

幼児期にこのような体験をすることは、将来の国民としての情操や意識の芽生えを培う上で大切である。このような活動を行う際には、文化や伝統に関係する地域の人材、資料館や博物館などとの連携・協力を通して、異なる文化にも触れながら子どもの体験が豊かになることが大切である。（厚生労働省（2018）『保育所保育指針解説』p.253）

　ここでは、子どもが地域の生活や季節の行事にふれる中で、季節や自身の成長の節目を感じること、社会とのつながりや地域社会の文化への気付きを育むこと、伝統的な文化への親しみをもつ機会にすることなどが、行事の意義や役割として示されています。

　以上のように、領域「環境」における行事の意義や役割とは、季節感を味わい、季節によって人々の生活が変化することに気付き、地域社会とのつながりや地域の文化に親しみをもつことであり、またその季節ならではの日本の伝統・文化に触れる機会として捉えられています。

3）生活科における「行事」のとらえ方

　領域「環境」における行事とのかかわり方には、「味わう」、「気付く」、「親しむ」という表現が用いられています。つまり、行事を介して、季節感を味わうことや季節に応じて人々の生活の変化に「気付く」こと、日本の伝統・文化を「味わい」「親しむ」機会となることが、その意義や役割といえるでしょう。

(5)身近な自然を観察したり、季節や地域の行事に関わったりするなどの活動を通して、それらの違いや特徴を見付けることができ、自然の様子や四季の変化、季節によって生活の様子が変わることに気付くとともに、それらを取り入れ自分の生活を楽しくしようとする。

　季節や地域の行事に関わる活動は、お祭りなどの行事やその準備に出掛け、季節や地域の行事に興味をもつことから始まる。そして、季節や地域の行事を主催し、保存・継承に携わる人々から話を聞いたり、実際に見せてもらったりするなどして交流する。さらには、行事で御神輿を担いだり、お祭りに参加したりすることも考えられる。

　ここで取り上げる季節や地域の行事とは、季節の変化と関わりをもつ地域の行事のことである。各地には、そうした季節にちなんだ様々な行事がある。それらは、地域の歴史や人物にも関わり、みんなの幸せや地域の発展を願うものでもあり、さらには、地域の結び付きを強めたり、楽しみを増したりするためのものである。例えば、七夕や

第5章 社会環境とのかかわり

> 端午などの節句、立春や立秋などの節気、正月などの伝統行事、地域の行事などには、人々の願いや思いが織り込まれている。それらに関わることで、季節と人々との生活のつながりや人々の暮らしぶりを知ることができる。（下線部は筆者による）（文部科学省（2018）『小学校学習指導要領〈平成29年告示〉解説 生活編』pp.39-40）

　生活科では、子どもが季節や地域の行事にかかわって学ぶこととは、行事は、「地域の歴史や人物にも関わり、みんなの幸せや地域の発展を願うものでもあり、さらには、地域の結び付きを強めたり、楽しみを増したりするためのものである」と解説され、この学習を通して主体的に社会とかかわる力を育て、公共性の芽生えを大切にすることが求められているといえます。また、かかわり方も、地域の行事を保存・継承する人々から「話を聞く」、実際に見せてもらって「交流する」、日本固有の季節感や地域での人々の営みを「知る」という表現へと発展しています。つまり、幼児教育の「味わう」、「気付く」、「親しむ」という自分の実感を大切にしたかかわり方は、小学校教育以降の学びに向かう力の基礎になるといえます。

2．行事の展開と指導計画

1）行事のプロセス

　表5−1からもわかるように、園では年間を通して数多くの行事が実施されています。ここでは、実際の幼稚園での「山登り」の実施までの過程とその後の保育活動を具体的に見てみましょう。

　「山登り」という行事に向けて、その1週間以上前から保育計画の中に少しずつ山登りに関連した活動が組み込まれていることがわかります。そうすることで、「山登り」へのわくわく感や期待が高まるとともに、子どもたち自身も見通しが立てられるようになります。また、その行事が終わったらそれでおしまいというわけでもなく、その後の遊びへと展開していきます。

　保育者はこれらの子どもの活動を充実させるように、事前の計画や準備を怠りません。まずは、計画・準備事項の確認です。昨年もこの山に登っていますが、当然、今年も現地に下見に行きます。トイレの場所、休憩ポイント、危険

【事例１】「山登り」からみる行事のプロセス

【幼児の姿】木の実を使って、こまを作ったり、落ち葉の色を楽しんだりする姿が見られ、季節の変化を感じている。

【ねらい】秋の自然にふれ、美しさや不思議さを感じる。
【内容】木の実や落ち葉を拾ったり、見たりして、大きさや形の違いや色の変化に気付く。

【子どもの活動の様子】
①山登り事前の説明会（３週間前）
　　年長児が遊戯室に集まり、「山登り」に関する話を聞きます。面白い形をした岩、根の張った大木、少し不気味な洞穴、ハート形をした葉、ドングリがたくさん落ちている場所、急な登り坂、狭い道などの写真をプロジェクターで見ながら、登山ルートの様子と見どころを知ります。子どもたちの期待がどんどん膨らんでいることが表情でわかります。
②　“やまびこごっこ”を歌う（３週間前）
　　前の週あたりからクラスで集まった時に“やまびこごっこ”を歌っています。子どもたちは山頂に着いたら「やまびこごっこ」をしようと楽しみにしています。
③登山ルートの色塗り（行事前日）
　　探検地図をもらって、先日写真で見た見どころを確認しながら、登山ルートに色鉛筆で色を塗ります。「このあたりにちょっと怖い洞窟があるよ」「ここで、お弁当を食べるよ」などとイメージを膨らませています。
④山登りの注意（持ち物、危険な事物）（行事前日）
　　山登り前日には、持ち物と山での注意事項を確認します。持ち物はわかりやすくメロディに合わせて歌いながらの確認でした。また、山にはきれいな葉や花などがいっぱいあるけれど、中には危険なものもあることも知ります。触るとかぶれてしまう漆の葉の特徴や蜂が好む色などを、教師が絵と写真でわかりやすく伝えます。
⑤山登り当日（行事当日）
　　登園した子どもたちは気持ちが高ぶっています。保育室に集まって教師から山での約束事を聞きます。興奮気味の子どもたちとは対照的に、教師は落ち着いたトーンで一つ一つ注意事項を確認します。バスに乗って、“やまびこごっこ”などの歌をみんなで歌いながら、山のふもとまで移動します。乗車時には、走行中のバスでの安全な乗り方についてクイズ形式で確認します。
　　木の実、きのこなど秋の自然物に触れながら、一列になって山登りをします。気に入った枝や落ち葉、ドングリを拾いながら歩きます。事前に確認していたチェックポイントに気付いて「○○岩だ！」「ハートの葉っぱあったよ」などと歓声をあげながら、みんなで発見の喜びを共有しています。
　　頂上では、展望台からの景色を楽しみ、大声で「ヤッホー」と口々に叫びます。みんなでお弁当を食べた後、山頂広場での鬼ごっこが始まりました。引率している大人たちが冷や冷やするくらい、いつも以上にのびのびと走り回る子どもたちです。普段は感じることのない山の雰囲気に子どもたちの心が躍っているのが伝わってきます。
　　小鳥のさえずりに耳を傾けたり、気に入った落ち葉やドングリを拾ったりしながら、道中を楽しみながら下山しました。子どもたちの「楽しかったぁ！」の一言には、自然の中での爽快感や山での発見の喜び、最後まで自分の力で歩ききった達成感など、たくさんの思いが詰まっていたことでしょう。
⑥山登りで拾った木の実や葉の観察とおもちゃ作り
　　翌日登園してくると、お菓子の空き箱で迷路をつくり、山登りで拾ったドングリを転がして遊んでいる子どもがいます。山登りで拾った落ち葉や木の実を見せ合ったりした後で、ドングリ迷路をクラスのみんなに紹介したところ、「ぼくも作りたい！」という子どもたちが出てきて、ドングリの迷路作りがクラスに広がっていきました。

第5章　社会環境とのかかわり

な個所がないかを確認します。同時に、子どもたちに気付いてほしい見どころポイントを写真撮影します。事前の「山登り」についての説明会では、子どもたちの山登りへの期待感を高めるとともに、山登りへの見通しがもてるように、下見で撮影した写真を上映したり、登山ルートの地図を作成したりします。また、触ってはいけない植物や危険な虫などの写真や絵を準備し、視覚に訴える教材を作成します。

　準備をすることは、子どもたちの保育活動に直接的にかかわるものだけではありません。引率の手伝いをしてくれる保護者役員への配付物を作成し、説明の機会をもちます。さらにバスの手配や関係機関への連絡も準備に含まれます。名簿や救急セット、着替えなどの持ち物の用意も必要です。園に戻ってからも保育の振り返りと次年度に向けての反省会を持ちます。みなさんが実習生になった際に作成する指導案には、直接的な保育に関する環境構成や援助・配慮点は書かれていても、このような保育活動前後の準備や振り返り、片付けは表れてこないでしょう。一つの行事を子どもにとって意味のある、充実したものにするためには、これだけ多くの準備が含まれているのです。

2）好奇心を育む行事のあり方

　ここまで「山登り」に向けての保育の展開を見てきました。教師は普段の保育の中に少しずつ、「山登り」に関する興味や関心を高める活動を盛り込んでいました。行事そのものはその日で終わってしまいますが、教師はそれまでの保育の中で子どもの好奇心をくすぐる機会を数多く散りばめ、またその行事の後も次の活動へと展開していくように工夫しています。

　行事は全員で参加することがほとんどのため、子どもたちみんなの共通体験として残ります。その結果、それぞれの子どもの気付きや発見が、他の子どもたちにも共有され広がっていく良さもあります。この「山登り」の事例を通して、行事が好奇心を育むきっかけをつくり、自ら体感し発見するという実体験を伴うこと、さらにみんなで共感し新たな活動へと発展する契機となることがわかります。行事を一過性のものとして扱うのではなく、子どもたちの生活の

149

流れの中に位置づけ、日々の経験や体験の積み重ねが、行事で一つの結晶、山場となることが望ましい保育・教育計画の在り方ではないでしょうか。

3．行事への理解

1）行事の由来や意味

　5月5日は「こどもの日」であることは、みなさんも知っているでしょう。国民の祝日に関する法律では、こどもの日は「こどもの人格を重んじ、こどもの幸福をはかるとともに、母に感謝する」日とされています（表5－2参照）。また、この日は「端午の節句」でもあります。家庭では、こいのぼりや武者飾りなどを飾り、柏もちやちまきを食べたりして、男の子の成長を祝います。

　ところで、みなさんはこいのぼりの由来を知っていますか。この日に近くなると、こいのぼりの製作をする園が多いと思います。しかし、その意味や由来を全く知らずに、ただ、「こいのぼり」らしきものを作っただけでは、日本の伝統文化を伝えたことにはなりません。「こいのぼり」は、黄河上流にある竜門という滝を多くの魚が登ってくるが、鯉だけが登りきって竜に化身するという「登竜門」という中国の伝説に由来しています。このことから鯉の滝登りは立身出世の象徴となり、家庭や地域では男子の成長を願ってこいのぼりをあげるようになりました。黒の真鯉はお父さん、赤の緋鯉はお母さん、青や緑の子鯉は子どもを意味します。吹き流しは赤・青・黄・白・黒の五色であり、これらは竜が恐れる色とされ、空から襲ってくる竜から鯉を守ってくれるという意味があるそうです。

　このように、昔から伝承されてきた行事には、色んな意味や願いが込められています。他にも、日本の伝統や文化を伝える行事は多くあります。園で多く取り入れられている七夕祭り、節分、ひな祭りなどの由来や意味を調べてみましょう。また、表5－3には国民の祝日とその意味が示されていますので、確認しておきましょう。そして、子どもたちにそれらをわかりやすく伝えていくことが大切です。

第5章　社会環境とのかかわり

２）日本の自然や文化

　日本の自然に四季によって美しく変化します。そして、その季節ならではの行事も多くあります。代表的なものとして、お花見やお月見、紅葉狩りなどが挙げられるでしょう。日本の自然風土、四季の特色を生かした暮らし方や生活習慣はまさに日本の文化です。しかし、都市化や核家族化が進んだ現代では、意識しないと“その季節ならでは”を味わうことは困難になりつつあります。本節の冒頭にも書きましたが、すでに親世代が地域の文化や自然、行事などを子どもたちに伝え、継承することは難しくなっています。地域社会や家庭だけでなく、幼稚園や保育所も日本の伝統や文化を伝承する役割を担っていく時代になっているのではないでしょうか。自然や伝統文化に興味を持って、体験したり調べたりする保育者・教師自身の積極的な姿勢が望まれます。

表５−３　国民の祝日に関する法律 第２条「国民の祝日」

国民の祝日	日	意味
元日	1月1日	年のはじめを祝う。
成人の日	1月の第2月曜日	おとなになったことを自覚し、みずから生き抜こうとする青年を祝いはげます。
建国記念の日	政令で定める日	建国をしのび、国を愛する心を養う。
春分の日	春分日	自然をたたえ、生物をいつくしむ。
昭和の日	4月29日	激動の日々を経て、復興を遂げた昭和の時代を顧み、国の将来に思いをいたす。
憲法記念日	5月3日	日本国憲法の施行を記念し、国の成長を期する。
みどりの日	5月4日	自然に親しむとともにその恩恵に感謝し、豊かな心をはぐくむ。
こどもの日	5月5日	こどもの人格を重んじ、こどもの幸福をはかるとともに、母に感謝する。
海の日	7月の第3月曜日	海の恩恵に感謝するとともに、海洋国日本の繁栄を願う。
敬老の日	9月の第3月曜日	多年にわたり社会につくしてきた老人を敬愛し、長寿を祝う。
秋分の日	秋分日	祖先をうやまい、なくなった人々をしのぶ。
体育の日	10月の第2月曜日	スポーツにしたしみ、健康な心身をつちかう。
文化の日	11月3日	自由と平和を愛し、文化をすすめる。
勤労感謝の日	11月23日	勤労をたっとび、生産を祝い、国民たがいに感謝しあう。

151

第2節　地域とのかかわりを深めるために

1. 地域とのかかわりを通して育ってほしい子どもの姿とは

　地域とのかかわりを通して育ってほしい子どもの姿とは、どのようなもので
しょうか。子どもは、閉じられた環境で成長や発達をするのではなく、様々な
人的・物的環境の中で成長します。子どもの発達の過程と環境のかかわりにつ
いては、①子ども達自身が直接経験する環境である家庭、②幼稚園や保育所と
同級生を含む複数の家庭という少し広がった環境、③子ども達に直接は関係な
いものの親の職場関係などに影響される環境、④さらに広い地域や圏域、とき
には日本といった社会や文化といった構造の中で、これらの構造から影響を受
け、また影響を与えているものといわれます。(井上・久保：1997)

　地域には、私たちの生活を豊かにする教育・文化施設や暮らしを支える医療・
福祉機関、そして人々が働く多くの仕事の場があります。子ども達が身近な施
設や情報にふれ、そこで働く人の存在や生活を知ることは、社会で自立生活を
営むための基礎作りとなります。また、乳幼児期は、向社会性が大きく伸びる
時期です。向社会性とは、「相手の気持ちを理解、共有し（共感）、自分よりも
相手を優先させようとする心情や行動」(首藤：1995) であり、自分の欲求を
抑えて相手の利益になるように振舞う自己抑制的な側面と、相手の要求を優先
させて相手の利益につながる行動を積極的に表現しようとする自己主張的な側
面があります。子どもの向社会性を育むには、普段の子ども同士や子どもと保
育者とのかかわりはもとより、地域に住む方々との多様な世代とのかかわりが
有効に働きます。多様な人とのかかわりは、子どもの人間関係の幅を広げ、礼
儀やマナー、他者に対する思いやり、その場に応じた受け応え（TPO）、気持
ちよく作業を進めるための工夫など、ソーシャルスキルの基礎を養うことがで
きるからです。ここでは、地域とのかかわりを深めるための事例として、B幼
稚園とIこども園の事例を取りあげます。

　京都市西部に位置するB幼稚園の近隣には、大覚寺や釈迦堂、広沢の池など
の名所旧所があります。園の周辺には、田畑や竹林があり、子ども達は自然と

第5章　社会環境とのかかわり

歴史的風土に恵まれた場所で生活をしています。

【事例2】「田植え地蔵」のお話しから、田植え見学へ

「田植え地蔵」のビデオを見て、田植えに興味をもった子ども達。近隣には田んぼがあり、田植えの様子を見に行くことになりました。「田植え地蔵」のお話しの中では、手で苗を植えていましたが、実際の田植えでは、田植機が使われています。A児が「はっぱ、うえてはるで」というと、B児は「ちがう、ちがう、おこめや」、C児は「おこめのあかちゃんや」、D児は「おおきくなったら、おこめになるんやなぁ」といって、子ども達は米作りに関心を示しました。また、E児が、田植機を指さして、「あのきかい、かっこいいなぁ」というと、F児が「あれが、てや（手や）」と、ものすごいスピードで次々と苗が植えられていく田植機の様子を興味津々で眺めていました。また、田植機を巧みに動かすお兄さんを見て、E児が「お兄ちゃん、かっこいいなぁ」と、働く人への憧れにもつながり、一所懸命に作業をするお兄さんの姿を見て、「がんばって！」と励ましの言葉をいう子どももいました。

地域に田畑があったとしても、かかわりがなければ、単なる風景になります。子ども達は、田植え見学を通して、コンバインの操作方法に興味をもったり、お米作りにも関心を抱くようになりました。また、B幼稚園の園外保育では、田植えだけでなく、季節に応じて、いちご狩りやジャガイモ掘り、ザリガニ釣、竹の子の観察などの園外保育を行っており、子ども達の絵を見ると、地域の様子が次のように表現されています。

園を中心として、徒歩や通園用バスで行った道を思い出しながら、地域で体験した出来事が画面いっぱいに描かれています。園外保育にて同じ活動をしていても、印象に残ったことや発想方法は一人ひとり異なります。絵を描きながら、地域での楽しかった活動を思い出し、また、作品完成後は、友達と自分の作品を見比べたり、感じたことを話したりする中で、子ども達の心の中に地域のイメージが創られていきます。

　次に、丹波市Iこども園の事例を取り上げます。Iこども園は、児童福祉の祖である大野唯四郎の「愛育」の精神や国語教育者芦田恵之介の「共に育つ」の信念を引き継ぎ、「子どもは地域で守り育てる」という思いを大切にしています。また、スウェーデン環境教育プログラム「森のムッレ教室」（4・5歳児）や「クニュータナ教室」（3歳児）を保育活動に取り入れ、地域の方々との協力関係のもと、子どもの育ちを見守っています。

【事例3】地域の方々とともに、作物を育てる活動を通して

　Iこども園には、園内ボランティアを引き受けてくださる地域の方々でつくられた「元気クラブ」があります。地域の方々の協力のもと、園の前の畑を借りて、小麦、ゴマ、大根、カブラ、白菜、レタス、ニンジン、ジャガイモ、トマト、キュウリ、アスパラ、ニラ、イチゴ、エンドウ、インゲン、ネギ、スイカ、メロンマクワ、大豆、黒豆、小豆、カボチャ、ホウレンソウ、チンゲンサイ等、多様な作物を育てています。収穫後は、調理をして給食に出したり、食育活動に活用されます。種まきや苗植え、作物の生長から収穫、調理をして食べるという一連の流れによって、作物が自分の身体の一部になることを子どもに理解させるには、長い時間をかけて取り組む過程が大切です。できるだけ手作業にすることで、子ども達は、農作業を教えるボランティアさんの表情や動作を見て、真剣に取り組もうとする姿がみえました。

第5章　社会環境とのかかわり

　子ども達や教職員だけで実現できることは、実は限られています。地域に住む方々の力を借りることで、Iこども園の場合、多種多様な作物の栽培活動を成功させました。園や学校での取り組みを充実させるには、地域での協力者を募り、園や学校を地域にひらく努力が必要になります。また、子ども達が、園内ボランティアを引き受けてくださる地域の方々に対応する保育者自身の姿を見ることは、社会生活における望ましい態度を学ぶための重要な人的環境となります。保育・教育活動は、保育者・教師が指導計画を立てて実践しますが、外部との交流は園・学校の都合だけで成り立つものではありません。作物を育てる過程においては、地域の方々の予定を合わせることの他、気象条件も加わるため、臨機応変な対応が求められます。保育・教育活動には、季節といった自然現象を考慮した上で、柔軟な計画と配慮が求められます。

2．地域とかかわる　～地域のモノ・コト・人～

1）地域の社会資源とかかわる　～図書館に行ってみよう～

　子どもは、好奇心や探究心に溢れています。特に、園外に出かける時には、わくわくしている様子が伝わってきます。領域「環境」の内容には、「(11)生活に関係の深い情報や施設などに興味や関心をもつ」とあり、消防署や郵便局、図書館など、子どもが身近に感じられる情報や施設にかかわる体験を通して、生活空間への認識が広がると同時に、社会の仕組みを知ることや公共性の意識の芽生えを養うことにつながります。ここでは、図書館見学を事例として、子ども達が施設を利用することで何を学ぶかについて考えてみましょう。子ども達は、図書館に入ると、ヒンヤリとした空気や建物のにおいを感じ、たくさんの本と机を見回しながら、大人が書架から静かに本を手に取る様子や黙々と本を読んでいる姿を目にします。児童図書室に行くと、入園前の子ども達が絵本を目をくりくりさせてじっと見ていたり、絵本の貸出をしてもらう様子も見えます。保育者は、子ども達に対し、「忍者になってそっと行きましょうね」と伝えますが、利用規則を細かく伝えなくても、子どもは周囲の雰囲気を読み取り、静かに見学することが図書館見学に必要なマナーだということを察知しま

す。図書館という静かな空間の中で、「おしゃべりしたい」という気持ちをコントロールできることは、社会性の育ちだといえます。また、4、5歳児であれば自分で本の貸出も体験することができます。貸出という体験を通して、「みんなが読む本だから大切に扱おう」とする気持ちも育むことができます。園に戻ってから、子ども達に図書館の感想を聞くと、「図書館は静かにするところ」や「本を貸してもらったり返したりする」、「私も本が借りてみたい」、「絵本や図鑑がいっぱいあった」など、子ども一人ひとりの図書館のイメージが明確になります。図書館に興味を持った子どもの場合、図書館見学の様子を保護者に伝え、何度も訪館する機会を促すことにもつながります。

　施設見学や訪問をする際には、次の4点に留意しましょう。1点目は、子どもにどのようなことを学ばせたいかというねらいを設定しておくこと、2点目は、子どもの発達に応じたものであること、3点目は、下見を必ず行い、活動の流れや予想されるトラブルを想定し対応を考えておくこと、4点目は、見学下においては常に人数確認をしておくことです。

2）地域の歴史文化とかかわる　～有形無形のものを伝える～

　筆者は、学生時代から幼稚園教諭時代、そして現在では教員養成する立場として、約40年にわたって京都と縁を結んできました。京都は、世界の人の憧れの地といわれていますが、住んでいる人はその素晴らしい価値を本当に実感しているのだろうかと思うことがあります。地域の自然風土に息づいた人々の暮らしや伝統的行事に気付くことは、挨拶から始まる地域の人々とのふれ合いを大切にし、地域の自然や歴史、文化を肌で実感することから始まるといえます。

　2018年の台風で大きな被害を被った大阪府岸和田市では、台風の後片付けや被災ゴミの回収などを町の青年団が高齢者宅を中心に行ったということが話題となりました。その素早い互助の行動を生み出した背景には、有名な岸和田のだんじり祭りを支えるそれぞれの地区組織の連携がありました。お祭りを伝承していこうという強い思いと、地域の人々に日常生活を取り戻させようと行った自発的活動は、地域愛でつながり、地域を守り、再生させていく「地域力」

そのものでした。

　領域「環境」の内容には、「(6)日常生活の中で、我が国や地域社会における様々な文化や伝統に親しむ」とあります。子どもが自然への畏敬をもち、人間同士のつながりの象徴である地域の様々な行事にかかわり、それを支える人々の姿に触れる機会をもつことは、地域の文化、伝統、精神風土など有形無形のものに気付くきっかけを作り、地域とのかかわりを深めていくことになります。そして、地域を基盤とした文化や伝統に親しむこととは、子ども達にとって、共同体意識や仲間意識をもち、協力や協調性を養い、生活における実際上の知識や技術を伝承する場になります。こうした姿勢や態度の涵養について、上原（2013）は、「大人期になって一度に形成されるものではなく、子どもの頃から生活や行動を共にすることを通して芽生えていく。直接的に教えられる機会があるというわけではないが、生活の中で伝えられ、習得されていく。これを通して社会性や協調性などを得ていくが、同時に地域におけるメンバー（成員）として求められる資質を形成していく」と述べています。地域行事への参加を通した、多様な世代とのかかわりが、自己の地域における役割や位置付けを認識する機会となります。

３）地域の中で、多様な人とかかわる　〜子どもと高齢者の交流効果〜

　幼稚園教育要領解説（2018）には、「地域は様々な人との交流の機会を通して豊かな体験が得られる場である」（pp.18-19）と書かれています。豊かな体験とは、知識や技術を得られるということだけではなく、他者へのやさしさや思いやりといった情緒や道徳心の発達を含んでいます。

　核家族化が定着した今日では、高齢者との触れ合いは少なくなりました。また、地域には病気に苦しむ人、障がいを持っている人、外見や心が大多数の人とは違う人もいます。触れ合うことがなければ、そのしんどさや生活の困難さも知ることはできません。人々と出会い、かかわり、それぞれ一人一人が幸福を願いながら精一杯生きていることを感じ取り、認め合う、「みんな違ってみんないい」という共生意識の基盤を乳幼児期には育てる必要があります。

高齢者とのかかわりを例に、もう少し考えてみましょう。祖父母と同居をする家庭も減り、子どもにとって老いることがどのようなことかを感じる機会は減ったといえます。そこで、保育・教育機関においては、さまざまな形で高齢者と子どもとの交流を促す実践が取り組まれています。高齢者福祉施設への訪問や高齢者と一緒に昔遊びをしたり、伝統行事に取り組む中で、子ども達は、技術の要る遊びの楽しさや伝統行事の意味への理解を深めます。

　子どもと高齢者との交流において、子ども達に与える影響には、①高齢者や認知症に対する肯定的認識の獲得、②読解力と人格形成に関する好影響があげられます。社会心理学の知見では、若者は12〜13歳頃までに老いに対する否定的な態度を持っているとされますが、中野（2000）は、幼児期や小学校時代の高齢者とのかかわりが青年期にかけて形成される「老人観」に大きく影響を及ぼしているとしています。高齢者と継続的交流をもつ子どもは、保育園・幼稚園児から高校生までのどの年代においても肯定的認識を醸成しているとの結果を示しました。また、米国の研究（Park；2015）では、60歳以上の高齢者と交流のあるグループとないグループに分類し、その効果を測定すると、交流のあるグループの8〜9歳の子ども達は読解力において有意に高い値を示したという結果もあります。その他にも、3歳までに日常生活で浴びる語彙の豊かさが後の認知能力に影響を及ぼすことを示唆した研究（Hart & Risley；2003）もあります。従来であれば自然に得られた人とのかかわりも、人間関係の希薄化が進む現代社会においては、保育・教育現場にて意図的に補う必要があるといえます。

3．育ちと学びをつなぐ保幼小連携とは

　1980年代には、すでに保幼小をつなぐ活動は始まっていました。この頃、学習や生活で問題が多発して授業が成立しない学級崩壊、いわゆる小1プロブレムが起こり、保育園、幼稚園、小学校は連絡会を作って、原因究明と解決策について話し合いがもたれました。この問題の主な原因としては、次の2点があげられました。1点目は、園における環境と主体的にかかわる遊び中心の学び

から、小学校では、ひらがなの練習をしたり、計算問題を解いたり、机の前に45分間座っていなければならないという学習環境・学習方法の急激な変化があること。2点目は、少子化や核家族化といった社会環境の変化の中で、地域における異年齢の子ども集団がなくなり、人とのかかわり方や環境への順応の仕方などが経験不足によって身についていないことです。つまり、幼児期の教育と小学校教育の教育課程・教育方法・学びの形態の違いや、教育活動が一人の人間の発達を促し育みつづけるという連続性・一貫性の発想に乏しかったことが原因だといえます。

表5-4　幼児期の教育と小学校教育の教育課程・教育方法・学びの形態の違い

	幼児期の教育	小学校教育
教育課程の基準	幼稚園教育要領・保育所保育指針・幼保連携型認定こども園教育・保育要領	小学校学習指導要領
	健康・人間関係・環境・言葉・表現	国語・社会・算数・理科・生活・音楽・図画工作・家庭・体育・道徳・外国語活動・総合的な学習の時間・特別活動
教育課程の構成原理	経験カリキュラム（一人一人の生活や経験を重視）	教科カリキュラム（学問の体系を重視）
	方向目標（その後の教育の方向付けを重視）	到達目標（具体的な目標への到達を重視）
教育の方法等	遊びを通した総合的な指導	教科等の目標・内容に沿って選択された教材による指導
学びの形態	学びの芽生え（無自覚な学び）学ぶことを意識していないが、楽しいことや好きなことに集中することを通じて、様々なことを学んでいくこと	自覚的な学び学ぶことについての意識があり、与えられた課題を自分の課題として受け止め、計画的に学習を進めていくこと

［出典：兵庫県教育委員会（2018）「学びと育ちをつなぐアプローチカリキュラムの作成」p.2］

　近年では、保幼小連携の動きは広がりを見せ、子ども間交流や教員間交流が取り組まれるようになりました。子ども間交流では、園児と児童のかかわりの中で、園児の小学校入学への不安感を軽減させることや成長することへの期待を育むことが望まれています。また、教員間交流では、子どもの姿や教育方法の違いを学ぶための保育・授業参観や合同研修会が実施され、教育内容を共に

学び合う機会が増えています。2017年度の幼稚園教育要領・保育所保育指針・幼保連携型認定こども園教育・保育要領の改訂では、「幼児期の終わりまでに育ってほしい姿（10の姿）」として身につけたい資質・能力が示されたことから、それらを踏まえた上で、園と小学校両方で接続期カリキュラムを作成し、教育活動を行うことも制度化されました。園の作成するカリキュラムは「アプローチカリキュラム」であり、小学校は「スタートカリキュラム」です。この両方のカリキュラムを「接続期カリキュラム」と呼んでいます。「アプローチカリキュラム」は、幼児期における遊びの中の学びが、小学校の学習や生活に、生きて働くことができるよう工夫された5歳児後半（9〜3月）のカリキュラムです。「アプローチ」とは、小学校教育に適応するための準備ではなく、幼児期の学びが小学校教育につながっていくという考えのもと名付けられました。「スタートカリキュラム」は、園での遊びや生活を通した学びと育ちを基礎として、主体的に自己を発揮し、新しい学校生活を創り出していくことを目的としたもので、小学校入学から夏休み前（4〜7月）までのカリキュラムです。スタートカリキュラムを作成する際には、園から引き継いだ子どもの育ちや10の姿の達成具合、どのような目的の活動をしてきたか等の情報から、園生活での子どもの実態を把握します。スタートカリキュラムは、生活科を中心とした合科的・関連的な指導の中で行われます。合科的な指導とは、各教科のねらいをより効果的に実現するための指導方法の一つで、複数の教科の目標や内容を組み合わせて、学習活動を展開するものです。関連的な指導とは、教科等別に指導するに当たって、各教科等の指導内容の関連を検討し、指導の時期や指導の方法などについて相互の関連を考慮して指導するものです。

　こうした保幼小連携の両カリキュラムにて子どもに育みたい力とは、「学びに向かう力」です。この力は、教科横断的学力といわれ、自分にとって難しいと思える課題にも、あきらめずに好奇心を持って取り組もうとする力のことです。保幼小連携の成果では、入学時に不安感を持つ子どもの減少、不登校や学校不適応の児童の減少、学力テストの成績の向上、教師間で共に子どもを育てる連帯感の高まり、子ども理解が深まり保育力・教育力が向上したこと等が報

告されています。特に、横浜市の取り組み（『横浜市版接続カリキュラム平成29年度版育ちと学びをつなぐ』）は注目に値し、市では各区に保幼小連絡会が組織化され、人事交流や実践報告会等が行われています。保幼小連携の広がりと深まりのスピードをあげるには、教育活動や実践で得た情報を速やかに公開し、共有することが求められるため、保育者や教師は、記録を書くための観察力・洞察力、計画を書くための記述力を日頃から磨いておく必要があるといえるでしょう。

第3節　異文化を理解することとは

1．日本語がわからない子どもの現状

　2018年6月、文部科学省が「平成28年度（最新版）日本語指導が必要な児童生徒の受入状況等に関する調査」の結果を公表しました。この調査は、公立小学校、中学校、高等学校、特別支援学校等に在籍する子どもを対象とし、1991年度から実施されており、2010年度までは毎年、2012年度からは2年毎に行われています。

　最新版（2016）で公表された日本語指導が必要な子どもの数は、43,947人でした。この数は、2004年度の調査と比較すると、約60％の増加という結果となっており、今後も日本のグローバル化とともに増加の一途をたどると考えられています。一方で、多国籍という観点から、外国人人口が多い県とされる滋賀県を例に見てみると、2017年12月末現在の住民基本台帳に基づく調査では、県内の外国人人口は26,533人であり、その国籍は93ヶ国で過去最多という状況でした。国籍別では、ブラジ

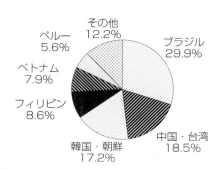

図5-1　滋賀県在住の外国人の主な国籍別人口と割合（平成29年12月末現在）

［滋賀県庁（2017）「滋賀県の国籍別外国人人口について」より抜粋］

ルが7,934人（29.9％）で最も多く、次いで中国・台湾が4,898人（18.5％）、韓国・朝鮮が4,567人（17.2％）となっており、上位3ヶ国の地域が3分の2を占めているという状況です。昨今急増しているベトナムは、5番目に多い2,106人（7.9％）で昨年より50％増加しています。滋賀県という1つの地域社会の中においても、多国籍化が急速に進んでいるという実態が明らかになっています。

　上記のように、外国人人口が増加するということは、保育・教育現場においても、日本語を母語としない異文化の子ども達が入園・入学する機会が増えるということになります。

2．異文化の「外国人の子ども」の多様性とその姿

　まず、「外国人の子ども」といっても、民族や国籍、来日経緯、在日期間によってその家庭環境や状況は多様です。一般的に、在日外国人は、「ニューカマー」と「オールドカマー」と呼ばれるグループで分けられます。「ニューカマー」とは、主に1980年代以降に来日した外国人を指し、民族や国籍も多様です。文化・言語・宗教などの点において可視的な違い（目に見える違い）をもっている場合が多くみられます。「オールドカマー」は、歴史的背景をもって日本に在住している旧植民地出身者（在日韓国・朝鮮人や台湾人）及びその子孫のことを指し、現状では、在日3世・4世・5世の時代を迎え、違いが見えにくい場合が多くみられます。このような来日の違いがある2つのグループですが、彼らの子どもが保育・教育現場に入園・入学した場合には、一体どのような姿が見られるのでしょうか。保育現場において報告されている代表的な子どもの姿は、以下です。

「外国人の子ども」の多様性とその姿

①民族・文化・宗教の多様性にかかわる子どもの姿
・宗教上の理由による除去食などの対応が必要な園児がいるが、園の事情で対応ができない場合がある。
・食文化の違いにより給食が口に合わず、食事がスムーズに進まない。
・自分の民族的ルーツを意識しており「積極的にみんなに伝えたい」と感じている外国人

第5章　社会環境とのかかわり

の子どももいる。
・日本人の子どもは外国籍の子どもがもっている様々な違いを認知しており、違いを当たり前のこととして受け入れている場合や必要に応じて援助している場合もあるが、否定的な反応を見せることもある。

②ことばにかかわる子どもの姿
・日本語が理解できないため、園生活の中で不安そうな姿がある。
・言葉で思いを伝えあえず、トラブルの際など子ども同士がお互いの気持ちを理解することが難しい。
・外国人の子ども同士で保育者に聞かれたくない内容を母国語で話していた。
・家庭では母国語、園では日本語という使い分けを行っているが、どちらの言語も十分に獲得されていない。
・子どもが日本語を覚え母国語を忘れていくため、家庭内での親子のコミュニケーションが難しくなっている。
・日本語の習得が十分でないため、子どもが小学校に進学した後に学習についていけるのかどうかが不安。

③遊びや生活における子どもの姿
・遊びのルールや内容が理解できずに活動をスムーズに進めることが難しい。
・日本語での指示が理解できないので、周囲にいる子どもの姿を見ながら、生活の仕方を理解して活動している。
・紙芝居や絵本などで日本語での内容理解が難しいため、落ち着いて話を聞くことが難しかったり、低年齢向きの内容を見たがる。
・外国人の子どもは、言葉のやり取りなどを含まない、単純に体を動かして行うような遊びを好む傾向があり、ごっこ遊びなどにも参加しないなど、遊びの偏りが見られる。

④仲間関係にかかわる子どもの姿
・言語の違いなどにより、日本人と外国人の子ども同士のコミュニケーションが難しい。
・外国人の子どもだけが集まって遊ぶ傾向があり、友達関係が広がらない。

　上記の①から④にあげた子どもの姿から、外国にルーツのある子どもが入学すると「クラスが混乱してきた」という報告も少なくありません。また、実際にそうした子どもがいない保育・教育現場では、「問題が起こるだろうから、受け入れは厳しいのではないか」というマイナスのイメージをもたれる場合もあります。多くの保育者・教師が語るように、クラスにことばや習慣の異なる外国にルーツのある子どもを迎え入れるというのは、容易なことではありません。しかし、子どもが問題や混乱を引き起こす原因として、子どもの個性や違いを受け入れることなく、在園・在学している日本の子ども達と同様の行動を求め、クラスに同化させようとする大人の無意識の考え方があるともいえます。

163

では、一体、こうした子どもの姿から保育現場における環境づくりや、小学校における「生活科」について、どのような考え方をもって実践としてつなげていけばよいか、次で考えてみましょう。

3. 園・学校における環境づくりと社会に開かれた生活科にむけて

1）「多文化保育環境チェックリスト」を用いた環境づくり

　私たちが普段「当たり前」と思っている社会通念や行動様式の根底には、その国の社会的・文化的背景の影響があるといえます。たとえば、日本では人と挨拶を交わす際、親しい間柄では軽く会釈をしたり、目上の立場の人には深々とお辞儀をしている姿が見られます。こうした日本の会釈やお辞儀という一つの行動様式を取り上げてみても、そこには、神道や密教の作法や武家礼法が関係していたり、畳といった住環境などが影響を与えているのです。（神崎；2016）

　外国にルーツのある子どもが入園・入学した場合、クラス担任は、その子どもの発言や行動をよく観察しながら、社会的・文化的背景への理解を深めることが求められます。そして、その子どもの保護者との信頼関係を構築しながら、クラスの環境づくり、園・学校全体の環境整備を始めることになるでしょう。保護者の中には、日本語が上手く話せない方もおられ、日本での子育てに不安を感じている場合もあり、子どもと保護者両方への配慮が必要になります。すべての子どもが自分らしく生きるための力を身につけられるように支援することは、保育・教育の質そのものを高めることにつながります。そのため、日常生活の中で、多角的な視点をもとうとする心掛けが重要です。

　さて、多文化的視野から保育・教育環境を見直す1つの目安として、Khoshkhesal.K.（1998）の「多文化保育環境チェックリスト」の一部を紹介します。このチェックリストは、多文化保育・教育活動を行う際の物的・人的環境設定のあり方について書かれており、実践での配慮事項を学ぶことができます。

第5章　社会環境とのかかわり

表5－5　「多文化保育環境チェックリスト」

エントランス/ロビーエリア
1）地域に住んでいる人が使用されている言語で書かれたポスター、掲示、インフォメーション、歓迎挨拶文がありますか
2）保護者用に日本語で書かれたチラシに加えて、多言語でのチラシはありますか
3）多文化な背景をもつ親や子どもの興味がむけられるような場所はありますか
4）様々な背景をもつ子ども、親、先生に反映するような写真や絵が綺麗に展示されていますか
5）写真や絵、展示物は日本の文化的多様性に反映していますか
ドラマティックプレイエリア（普段使用している食器類や家具に加えて以下のものがありますか）
1）異なった文化の人々が普段使用する食器類
2）異なった文化の人々が普段使用する家具
3）異なった文化の人々が着る服や帽子（普段用・仕事用・儀式用）
4）日本語や多言語で書かれたラベル付のパッケージ（箱、缶など） 　　　　　　　　　　　　　＊輸入物が売られている店や中華街などで手に入る
5）異なった文化を表している服、肌の色、外見をした指人形やパペット
6）異なった文化や民族グループの男の子や女の子の人形
7）異なった民族グループの障がいをもった男の子や女の子の人形（手作りや購入したもの）
8）異なった文化の典型的な家族の様子（例.子どもにご飯を食べさせているところ、仕事の分担）が表されているポスター・絵・写真など
9）ブルーカラー（工場や修理関係の仕事をする人など）やホワイトカラー（教師や医者など）とよばれる男女のポスター・絵・写真など
10）様々な文化の工芸品、伝統的な色や模様（例.ござ、絨毯、壁掛け、彫刻品など）
11）異なった文化で使用されている背負子、ゆりかご
12）姿見や手鏡
アート/クラフトエリア
1）アートやクラフト活動は部屋だけでなく、外にも設定していますか。またそれはバタバタしたところから離れていますか
2）明るさは充分ですか
3）茶色・黒色の絵の具、フィンガーペイント、クレヨン、カラーペン、カラーチョーク、画用紙、お絵かき用の紙、工作用の紙がいつも準備されていますか
4）同じ色でも濃い色から薄い色があるとわかるような粘土がありますか
5）異なった肌の色を表せるように充分な色の絵の具がありますか
6）異なった文化を表すようなデザインや模様の作品などが展示されていますか（例.先住民をモチーフにしたものなど）
7）どの文化でも共通したような作品が飾られていますか（例.編物、木工品、陶器、刺繍品など）
8）子どもたちが自然物と関われる機会がありますか（例.枝、石、葉、土粘土など）

［出典：平野知見（2008）「オーストラリアの多文化保育に関する意識とチーム援助の実態」オーストラリア研究紀要34（追手門学院大学）pp.174-175から一部抜粋］

165

上記は一部だけですが、こうしたチェックリストを用いることで、多様性や異文化を尊重することとは何かについて具体的に考えることができるようになるでしょう。

2）社会に開かれた生活科

　2018年度に改訂された新学習指導要領の主要なポイントは、新しい時代を切り開いていくために必要な「資質・能力が３つの柱」と「社会に開かれた教育課程」という考え方が示されました。「社会に開かれた教育課程」に関して、平成28年度中央教育審議会答申では、重要項目として以下の３点が示されました。

①社会や世界の状況を幅広く視野に入れ、より良い学校教育を通じてより良い社会を作るという目標を持ち、教育課程を介してその目標を社会と共有していくこと。
②これからの社会を創りだしていく子ども達が、社会や世界に向き合い関わり合い、自ら人生を切り拓いていくために求められる資質・能力とは何かを、教育課程において明確化し育てていくこと。
③教育課程の実施に当たって、地域の人的・物的資源を活用したり、放課後や土曜日等を活用した社会教育との連携を図ったりし、学校教育を学校内に閉じずに、その目指すところを社会と共有・連携しながら実現させること。

　この答申からもわかるように、生活科は、子ども達の身の回りの人的・物的資源そのものを学習の対象とした教科であるため、今まで以上に地域や社会と共有・連携させた生活科のカリキュラムを考えることが求められます。また、生活科の内容には、「(8)自分たちの生活や地域の出来事を身近な人々と伝え合う活動を通して、相手のことを想像したり伝えたいことや伝え方を選んだりすることができ、身近な人々と関わることのよさや楽しさが分かるとともに、進んで触れ合い交流しようとする」とあり、生活科のカリキュラムの中に異文化理解や国際理解教育を組み込み、自国の文化との比較を通して、多様性への理

第5章 社会環境とのかかわり

ブラジルボックスには何が入っているの？

誕生日に関するもの	食べ物に関するもの	シマホン(マテ茶を飲む道具)	楽器	その他
誕生日用ロウソク	やしの芽	クイア	ベリンバウ	ブラジル地図
バロン（風船）	フェイジョーン	ボンバ		ブラジル国旗
飴の包み紙	ガラナジュース	台	おもちゃ	リオ・グランデ・ド・スール州地図
誕生日パーティ招待状	コーヒー生豆	マテ茶葉	ペテッカ	リオ・グランデ・ド・スール州卓上旗
色付き砂糖	ニョキーラ		こま	通貨
飴を包んだ見本	ニンニク漬け	写真教材		授業実践例ビデオ
		日系移民折り紙展	インディオ・アマゾンに関するもの	利用マニュアル
赤ちゃんにまつわるもの	書籍類	誕生日パーティー		もの＆写真の解説
ピアス付き赤ちゃん人形	ブラジルと出会おう	ピラルク	ピラルクのうろこ	授業案、料理レシピ
出産祝い返しマスコット	BRAZIL	シマホンの滝れ方	ピラルクの舌	利用者アンケート
	Brazil in the school	風景写真	ガラナ棒	等
	小学4年生算数教科書	学校、生活風景など	インディオの装飾品	
	漫画			

図5−2　ブラジルボックスに入っているもの

［出典：（公財）滋賀県国際協会「国際教育の教材ブラジルボックス貸し出しのご案内」から抜粋］

解を深め、異文化を受け入れる素地作りの第一歩となるでしょう。

　実際の授業にて使用されている教材の事例として、国際教育研究会Glocalnet Shigaと在住ブラジル人の方々が協力をして作成された「ブラジルボックス」を取り上げます。日本の学校に通っている外国にルーツのある子どもの中には、周りの子ども達から異質なものと見られることに怖さを感じ、自分のバックグラウンドを話そうとしなかったり、アイデンティティを確立できずに悩むといったこともあります。例えば、ブラジル人の親が授業参観に行くと、子どもが「友達の前ではポルトガル語で話しかけないで」といったケースがありました。そうしたことから、ブラジルの生活文化や習慣への理解を深め、多文化共生の意識を育むための一助として「ブラジルボックス」が発案されました。「ブラジルボックス」の中には、ブラジルの文化的背景をもとに、誕生日に関するものや食べ物に関するもの、写真教材などが多様に入っています。

　実際の授業では、子ども達に「ブラジルボックス」の中に入っているものや写真を見せながら、子ども同士が「これって何に使うのかな？」と考えたり、友達との対話を大切にして進め

167

ブラジルボックスを活用した授業一例
「ものと写真から学ぶブラジル」

1) ポルトガル語でのあいさつレッスン
Bom dia! （ボン ジーア）おはよう。
Boa tarde! （ボア タルデ）こんにちは。
Boa noite! （ボア ノイテ）こんばんは。
　→ ボディランゲージもやってみよう！

2) ものランゲージ
ブラジルボックスに入っている小物の数々を各グループに配布し、直接手にとって、それが「何でできているのか？」「何に使うのか？」を考えるアクティビティ
　→ 未知のものに触れるワクワク体験！

3) フォトランゲージ
数枚の写真を見せ、どの国の写真かを読み解くアクティビティ
　→ 実は、全部ブラジルの写真なのだ！

4) ふりかえり
移民国家ブラジルの豊かな文化や歴史、日本人移民の話などをゲストティーチャーから紹介してもらう。

＜参加した児童の声＞

ぼくはブラジルのことをいろいろ知りました。
もの当てゲームでは、なんなのかわかりませんでした。
弓ににている楽器は、いい音が聞こえました。
こまを回すとき、こまにひもはまけたけど回せませんでした。
ぼくは、100年ぐらい前に日本人がブラジルにいっぱい行ったのを初めて知りました。
いつかブラジルに行きたいと思いました。

ブラジルボックスで見たものは、どれもめずらしい物ばかりでした。B君のひいおじいちゃんか、おじいちゃんが日本人だというのを聞いてびっくりしました。
でもB君が日本よりきれいな所にいてうらやましく思いました。
大人になったら、B君にブラジルにつれていってもらいたいです。
（※ B君…ブラジル籍のクラスメイト）

＜利用した教員の声＞

先日は、ありがとうございました。
子どもたちも大変喜び、とりわけB君の生き生きとした顔が、心に残りました。
誕生日をあのようにみんなに祝ってもらっていたことを忘れずに、なんとか日本で まっすぐ伸びていってほしいと思います。
そのために、なんとか力を貸していきたいと思っています。

クイズ形式で実物を手で触って、自分たちで答えを考え、その後説明を聞くスタイルだったので、どの子も意欲を持って取り組めました。写真も、ブラジルの様々な地域を撮ってあり、移民国家であることや様々な国の影響を受けていることや、広いので、いろいろな地域があることがよくわかりました。

子どもたちにとっては、イメージを持ちにくい遠い国であるブラジルが、この「ブラジルボックス」の学習によって、急に身近なものに感じられたようでした。様々な品物の珍しさや迫力もさることながら、ブラジルから日本に来られたお二人の講師の生き生きとしたご指導が子どもたちに親しみやすいあたたかな雰囲気を与えてくださったと思います。ありがとうございました。

図5－3　ブラジルボックスに関する案内

［出典：（公財）滋賀県国際協会「国際教育の教材ブラジルボックス貸し出しのご案内」から抜粋］

られます。この教材を使った授業後の感想では、本人も周りの子ども達もブラジルに対する見方が肯定的になったり、子どもの自尊心が育まれるという報告がされています。

　こうした教材をヒントにして、「○○ボックス」といったものを子ども達の文化的背景にそって一緒に作ることも可能だといえます。

引用・参考文献

第1節

　厚生労働省（2018）『保育所保育指針解説書』フレーベル館

　近藤宏・野原由利子（2010）『子ども図鑑　自然とくらしと遊びを楽しむ12ヵ月』合

同出版

萌文書林編集部編（2003）『子どもに伝えたい年中行事・記念日』萌文書林

文部科学省（2018）『幼稚園教育要領解説』フレーベル館

文部科学省（2018）『小学校学習指導要領解説 生活編』東洋館出版社

竹中敬明（2010）『伝えていきたい日本の伝統文化　四季の年中行事と習わし』近代
　　消防社

第2節

Hart, B. & Risley, T.（2003）"The early catastrophe:the 30 million word gap by age
　　3" *American Educator, American Federation of Teachers*, pp.4-9.

Park, AL（2015）"The effects of intergenerational programmes on children and
　　young people" *International Journal of School and Cognitive Psychology*, 2(1),
　　pp.1-5.

井上健治・久保ゆかり編（1997）『子どもの社会的発達』東京大学出版会、p.229

上原貴夫（2013）「地域における年中行事と子ども達の参加の変遷に関する研究－少
　　子高齢化時代を見据えた子どもが参加する地域づくり－」児童文化研究所所報
　　（35）：pp.27-36

首藤敏元（1995）「幼児の向社会的行動と自己主張自己持制」発達臨床心理学研究（筑
　　波大学心理学系）7：pp.77-86

全国認定こども園協会（2013）『認定こども園の未来』フレーベル館

兵庫県教育委員会（2018）「学びと育ちをつなぐアプローチカリキュラムの作成」p.2

広井良典編（2000）『「老人と子ども」統合ケア―新しい高齢者ケアの姿を求めて』中
　　央法規出版

無藤隆・北野幸子・矢藤誠慈郎（2015）『増補改訂認定こども園の時代』ひかりのく
　　に株式会社

文部科学省（2018）『幼稚園教育要領解説』フレーベル館

横浜市こども青少年局・横浜市教育委員会（2018）『横浜市版接続期カリキュラム平
　　成29年度版 育ちと学びをつなぐ』横浜市こども青少年局・横浜市教育委員会

第3節

Khoshkhesal. K.（1998）"Realising the potential : Cultural and linguistic diversity in Family Day Care." Sydney : Lady Gowrie Child Centre.

朝倉淳編（2018）『平成29年改訂小学校教育課程実践講座 生活』ぎょうせい

神崎宣武（2016）『「おじぎ」の日本文化』角川学芸出版

（公財）滋賀県国際協会国際教育の「教材ブラジルボックス貸し出しのご案内」
http://www.s-i-a.or.jp/sites/default/files/project/education_a1_1.pdf #search=%27%E6%BB%8B%E8%B3%80%E7%9C%8C+%E3%83%96%E3%83%A9%E3%82%B8%E3%83%AB%E3%83%9C%E3%83%83%E3%82%AF%E3%82%B9%27（2019/1 /11　アクセス）

滋賀県庁・滋賀県商工観光労働部観光交流局国際室
http://www.pref.shiga.lg.jp/hodo/e-shinbun/ff00/20180322.html（2019/ 1 /11）

卜田真一郎・平野知見（2015）『園の多文化化の状況をふまえた多文化共生保育の実践』常磐会短期大学・卜田研究室

日本保育協会（2008）『保育の国際化に関する調査研究報告書』社団法人日本保育協会

平野知見（2008）「オーストラリアの多文化保育に関する意識とチーム援助の実態」オーストラリア研究紀要34（追手門学院大学）pp.161-180

渡辺文夫（2002）『異文化と関わる心理学—グローバリゼーションの時代を生きるために』サイエンス社

資　料　編

・教育基本法
・学校教育法（抄）
・保育所保育指針解説（抄）
・幼稚園教育要領解説（抄）
・小学校学習指導要領解説　総則編（抄）

教育基本法

平成18年12月22日法律第120号

　我々日本国民は、たゆまぬ努力によって築いてきた民主的で文化的な国家を更に発展させるとともに、世界の平和と人類の福祉の向上に貢献することを願うものである。

　我々は、この理想を実現するため、個人の尊厳を重んじ、真理と正義を希求し、公共の精神を尊び、豊かな人間性と創造性を備えた人間の育成を期するとともに、伝統を継承し、新しい文化の創造を目指す教育を推進する。

　ここに、我々は、日本国憲法の精神にのっとり、我が国の未来を切り拓く教育の基本を確立し、その振興を図るため、この法律を制定する。

第1章　教育の目的及び理念

（教育の目的）

第1条　教育は、人格の完成を目指し、平和で民主的な国家及び社会の形成者として必要な資質を備えた心身ともに健康な国民の育成を期して行われなければならない。

（教育の目標）

第2条　教育は、その目的を実現するため、学問の自由を尊重しつつ、次に掲げる目標を達成するよう行われるものとする。

　一　幅広い知識と教養を身に付け、真理を求める態度を養い、豊かな情操と道徳心を培うとともに、健やかな身体を養うこと。

　二　個人の価値を尊重して、その能力を伸ばし、創造性を培い、自主及び自律の精神を養うとともに、職業及び生活との関連を重視し、勤労を重んずる態度を養うこと。

　三　正義と責任、男女の平等、自他の敬愛と協力を重んずるとともに、公共の精神に基づき、主体的に社会の形成に参画し、その発展に寄与する態度を養うこと。

　四　生命を尊び、自然を大切にし、環境の保全に寄与する態度を養うこと。

　五　伝統と文化を尊重し、それらをはぐくんできた我が国と郷土を愛するとともに、他国を尊重し、国際社会の平和と発展に寄与する態度を養うこと。

（生涯学習の理念）

第3条　国民一人一人が、自己の人格を磨き、豊かな人生を送ることができるよう、その生涯にわたって、あらゆる機会に、あらゆる場所において学習することができ、その成果を適切に生かすことのできる社会の実現が図られなければならない。

（教育の機会均等）

第4条　すべて国民は、ひとしく、その能力に応じた教育を受ける機会を与えられなければならず、人種、信条、性別、社会的身分、経済的地位又は門地によって、教育上差別されない。

2　国及び地方公共団体は、障害のある者が、その障害の状態に応じ、十分な教育を受けられるよう、教育上必要な支援を講じなければならない。

3　国及び地方公共団体は、能力があるにもかかわらず、経済的理由によって修学が困難な者に対して、奨学の措置を講じなければならない。

第2章　教育の実施に関する基本

（義務教育）

第5条　国民は、その保護する子に、別に法律で定めるところにより、普通教育を受けさせる義務を負う。

2　義務教育として行われる普通教育は、各個人の有する能力を伸ばしつつ社会において自立的に生きる基礎を培い、また、国家及び社会の形成者として必要とされる基本的な資質を養うことを目的として行われるものとする。

3　国及び地方公共団体は、義務教育の機会を保障し、その水準を確保するため、適切な役割分担及び相互の協力の下、その実施に責任を負う。

4　国又は地方公共団体の設置する学校における義務教育については、授業料を徴収しない。

（学校教育）

第6条　法律に定める学校は、公の性質を有するものであって、国、地方公共団体及び法律に定める法人のみが、これを設置することができる。

2　前項の学校においては、教育の目標が達成されるよう、教育を受ける者の心身の発

達に応じて、体系的な教育が組織的に行われなければならない。この場合において、教育を受ける者が、学校生活を営む上で必要な規律を重んずるとともに、自ら進んで学習に取り組む意欲を高めることを重視して行われなければならない。

（大学）

第7条　大学は、学術の中心として、高い教養と専門的能力を培うとともに、深く真理を探究して新たな知見を創造し、これらの成果を広く社会に提供することにより、社会の発展に寄与するものとする。

2　大学については、自主性、自律性その他の大学における教育及び研究の特性が尊重されなければならない。

（私立学校）

第8条　私立学校の有する公の性質及び学校教育において果たす重要な役割にかんがみ、国及び地方公共団体は、その自主性を尊重しつつ、助成その他の適当な方法によって私立学校教育の振興に努めなければならない。

（教員）

第9条　法律に定める学校の教員は、自己の崇高な使命を深く自覚し、絶えず研究と修養に励み、その職責の遂行に努めなければならない。

2　前項の教員については、その使命と職責の重要性にかんがみ、その身分は尊重され、待遇の適正が期せられるとともに、養成と研修の充実が図られなければならない。

（家庭教育）

第10条　父母その他の保護者は、子の教育について第一義的責任を有するものであって、生活のために必要な習慣を身に付けさせるとともに、自立心を育成し、心身の調和のとれた発達を図るよう努めるものとする。

2　国及び地方公共団体は、家庭教育の自主性を尊重しつつ、保護者に対する学習の機会及び情報の提供その他の家庭教育を支援するために必要な施策を講ずるよう努めなければならない。

（幼児期の教育）

第11条　幼児期の教育は、生涯にわたる人格形成の基礎を培う重要なものであることにかんがみ、国及び地方公共団体は、幼児の健やかな成長に資する良好な環境の整備そ

の他適当な方法によって、その振興に努めなければならない。

（社会教育）

第12条　個人の要望や社会の要請にこたえ、社会において行われる教育は、国及び地方公共団体によって奨励されなければならない。

2　国及び地方公共団体は、図書館、博物館、公民館その他の社会教育施設の設置、学校の施設の利用、学習の機会及び情報の提供その他の適当な方法によって社会教育の振興に努めなければならない。

（学校、家庭及び地域住民等の相互の連携協力）

第13条　学校、家庭及び地域住民その他の関係者は、教育におけるそれぞれの役割と責任を自覚するとともに、相互の連携及び協力に努めるものとする。

（政治教育）

第14条　良識ある公民として必要な政治的教養は、教育上尊重されなければならない。

2　法律に定める学校は、特定の政党を支持し、又はこれに反対するための政治教育その他政治的活動をしてはならない。

（宗教教育）

第15条　宗教に関する寛容の態度、宗教に関する一般的な教養及び宗教の社会生活における地位は、教育上尊重されなければならない。

2　国及び地方公共団体が設置する学校は、特定の宗教のための宗教教育その他宗教的活動をしてはならない。

第3章　教育行政

（教育行政）

第16条　教育は、不当な支配に服することなく、この法律及び他の法律の定めるところにより行われるべきものであり、教育行政は、国と地方公共団体との適切な役割分担及び相互の協力の下、公正かつ適正に行われなければならない。

2　国は、全国的な教育の機会均等と教育水準の維持向上を図るため、教育に関する施策を総合的に策定し、実施しなければならない。

3　地方公共団体は、その地域における教育の振興を図るため、その実情に応じた教育

に関する施策を策定し、実施しなければならない。

4　国及び地方公共団体は、教育が円滑かつ継続的に実施されるよう、必要な財政上の
措置を講じなければならない。

（教育振興基本計画）

第17条　政府は、教育の振興に関する施策の総合的かつ計画的な推進を図るため、教育
の振興に関する施策についての基本的な方針及び講ずべき施策その他必要な事項につ
いて、基本的な計画を定め、これを国会に報告するとともに、公表しなければならない。

2　地方公共団体は、前項の計画を参酌し、その地域の実情に応じ、当該地方公共団体
における教育の振興のための施策に関する基本的な計画を定めるよう努めなければな
らない。

第4章　法令の制定

第18条　この法律に規定する諸条項を実施するため、必要な法令が制定されなければな
らない。

学校教育法（抄）

昭和22年3月31日法律第26号

一部改正：平成29年5月31日法律第41号

第2章　義務教育

第21条　義務教育として行われる普通教育は、教育基本法（平成十八年法律第百二十号）
第五条第二項に規定する目的を実現するため、次に掲げる目標を達成するよう行われ
るものとする。

1　学校内外における社会的活動を促進し、自主、自律及び協同の精神、規範意識、
公正な判断力並びに公共の精神に基づき主体的に社会の形成に参画し、その発展に
寄与する態度を養うこと。

資料編

2　学校内外における自然体験活動を促進し、生命及び自然を尊重する精神並びに環境の保全に寄与する態度を養うこと。

3　我が国と郷土の現状と歴史について、正しい理解に導き、伝統と文化を尊重し、それらをはぐくんできた我が国と郷土を愛する態度を養うとともに、進んで外国の文化の理解を通じて、他国を尊重し、国際社会の平和と発展に寄与する態度を養うこと。

4　家族と家庭の役割、生活に必要な衣、食、住、情報、産業その他の事項について基礎的な理解と技能を養うこと。

5　読書に親しませ、生活に必要な国語を正しく理解し、使用する基礎的な能力を養うこと。

6　生活に必要な数量的な関係を正しく理解し、処理する基礎的な能力を養うこと。

7　生活にかかわる自然現象について、観察及び実験を通じて、科学的に理解し、処理する基礎的な能力を養うこと。

8　健康、安全で幸福な生活のために必要な習慣を養うとともに、運動を通じて体力を養い、心身の調和的発達を図ること。

9　生活を明るく豊かにする音楽、美術、文芸その他の芸術について基礎的な理解と技能を養うこと。

10　職業についての基礎的な知識と技能、勤労を重んずる態度及び個性に応じて将来の進路を選択する能力を養うこと。

第3章　幼稚園

第22条　幼稚園は、義務教育及びその後の教育の基礎を培うものとして、幼児を保育し、幼児の健やかな成長のために適当な環境を与えて、その心身の発達を助長することを目的とする。

第23条　幼稚園における教育は、前条に規定する目的を実現するため、次に掲げる目標を達成するよう行われるものとする。

1　健康、安全で幸福な生活のために必要な基本的な習慣を養い、身体諸機能の調和的発達を図ること。

177

2　集団生活を通じて、喜んでこれに参加する態度を養うとともに家族や身近な人への信頼感を深め、自主、自律及び協同の精神並びに規範意識の芽生えを養うこと。

3　身近な社会生活、生命及び自然に対する興味を養い、それらに対する正しい理解と態度及び思考力の芽生えを養うこと。

4　日常の会話や、絵本、童話等に親しむことを通じて、言葉の使い方を正しく導くとともに、相手の話を理解しようとする態度を養うこと。

5　音楽、身体による表現、造形等に親しむことを通じて、豊かな感性と表現力の芽生えを養うこと。

第24条　幼稚園においては、第二十二条に規定する目的を実現するための教育を行うほか、幼児期の教育に関する各般の問題につき、保護者及び地域住民その他の関係者からの相談に応じ、必要な情報の提供及び助言を行うなど、家庭及び地域における幼児期の教育の支援に努めるものとする。

第25条　幼稚園の教育課程その他の保育内容に関する事項は、第二十二条及び第二十三条の規定に従い、文部科学大臣が定める。

第4章　小学校

第29条　小学校は、心身の発達に応じて、義務教育として行われる普通教育のうち基礎的なものを施すことを目的とする。

第30条　小学校における教育は、前条に規定する目的を実現するために必要な程度において第二十一条各号に掲げる目標を達成するよう行われるものとする。

②　前項の場合においては、生涯にわたり学習する基盤が培われるよう、基礎的な知識及び技能を習得させるとともに、これらを活用して課題を解決するために必要な思考力、判断力、表現力その他の能力をはぐくみ、主体的に学習に取り組む態度を養うことに、特に意を用いなければならない。

第31条　小学校においては、前条第一項の規定による目標の達成に資するよう、教育指導を行うに当たり、児童の体験的な学習活動、特にボランティア活動など社会奉仕体験活動、自然体験活動その他の体験活動の充実に努めるものとする。この場合において、社会教育関係団体その他の関係団体及び関係機関との連携に十分配慮しなければ

資料編

ならない。

第32条　小学校の修業年限は、六年とする。

第33条　小学校の教育課程に関する事項は、第二十九条及び第三十条の規定に従い、文部科学大臣が定める。

第42条　小学校は、文部科学大臣の定めるところにより当該小学校の教育活動その他の学校運営の状況について評価を行い、その結果に基づき学校運営の改善を図るため必要な措置を講ずることにより、その教育水準の向上に努めなければならない。

第43条　小学校は、当該小学校に関する保護者及び地域住民その他の関係者の理解を深めるとともに、これらの者との連携及び協力の推進に資するため、当該小学校の教育活動その他の学校運営の状況に関する情報を積極的に提供するものとする。

第5章の2　義務教育学校

第49条の2　義務教育学校は、心身の発達に応じて、義務教育として行われる普通教育を基礎的なものから一貫して施すことを目的とする。

第49条の3　義務教育学校における教育は、前条に規定する目的を実現するため、第二十一条各号に掲げる目標を達成するよう行われるものとする。

第49条の4　義務教育学校の修業年限は、九年とする。

第49条の5　義務教育学校の課程は、これを前期六年の前期課程及び後期三年の後期課程に区分する。

第49条の6　義務教育学校の前期課程における教育は、第四十九条の二に規定する目的のうち、心身の発達に応じて、義務教育として行われる普通教育のうち基礎的なものを施すことを実現するために必要な程度において第二十一条各号に掲げる目標を達成するよう行われるものとする。

②　義務教育学校の後期課程における教育は、第四十九条の二に規定する目的のうち、前期課程における教育の基礎の上に、心身の発達に応じて、義務教育として行われる普通教育を施すことを実現するため、第二十一条各号に掲げる目標を達成するよう行われるものとする。

第49条の7　義務教育学校の前期課程及び後期課程の教育課程に関する事項は、第

179

四十九条の二、第四十九条の三及び前条の規定並びに次条において読み替えて準用する第三十条第二項の規定に従い、文部科学大臣が定める。

第49条の8 第三十条第二項、第三十一条、第三十四条から第三十七条まで及び第四十二条から第四十四条までの規定は、義務教育学校に準用する。この場合において、第三十条第二項中「前項」とあるのは「第四十九条の三」と、第三十一条中「前条第一項」とあるのは「第四十九条の三」と読み替えるものとする。

第8章　特別支援教育

第81条 幼稚園、小学校、中学校、高等学校及び中等教育学校においては、次項各号のいずれかに該当する幼児、児童及び生徒その他教育上特別の支援を必要とする幼児、児童及び生徒に対し、文部科学大臣の定めるところにより、障害による学習上又は生活上の困難を克服するための教育を行うものとする。

② 小学校、中学校、高等学校及び中等教育学校には、次の各号のいずれかに該当する児童及び生徒のために、特別支援学級を置くことができる。

1 知的障害者

2 肢体不自由者

3 身体虚弱者

4 弱視者

5 難聴者

6 その他障害のある者で、特別支援学級において教育を行うことが適当なもの

③ 前項に規定する学校においては、疾病により療養中の児童及び生徒に対して、特別支援学級を設け、又は教員を派遣して、教育を行うことができる。

資料編

保育所保育指針解説 （抄）

平成30年2月　厚生労働省

pp.1-8

序章

1　保育所保育指針とは何か

保育所保育指針は、保育所保育の基本となる考え方や保育のねらい及び内容など保育
の実施に関わる事項と、これに関連する運営に関する事項について定めたものである。

保育所保育は、本来的には、各保育所における保育の理念や目標に基づき、子どもや
保護者の状況及び地域の実情等を踏まえて行われるものであり、その内容については、
各保育所の独自性や創意工夫が尊重される。その一方で、全ての子どもの最善の利益の
ためには、子どもの健康や安全の確保、発達の保障等の観点から、各保育所が行うべき
保育の内容等に関する全国共通の枠組みが必要となる。このため、一定の保育の水準を
保ち、更なる向上の基点となるよう、保育所保育指針において、全ての保育所が拠るべ
き保育の基本的事項を定めている。

全国の保育所においては、この保育所保育指針に基づき、子どもの健康及び安全を確
保しつつ、子どもの一日の生活や発達過程を見通し、それぞれの保育の内容を組織的・
計画的に構成して、保育を実施することになる。この意味で、保育所保育指針は、保育
環境の基準（児童福祉施設の設備及び運営に関する基準（昭和23年厚生省令第63号。以
下「設備運営基準」という。）における施設設備や職員配置等）や保育に従事する者の
基準（保育士資格）と相まって、保育所保育の質を担保する仕組みといえる。

なお、家庭的保育事業等の設備及び運営に関する基準（平成26年厚生労働省令第61号）
及び認可外保育施設に対する指導監督の実施について（平成13年3月29日付け雇児発第
177号厚生労働省雇用均等・児童家庭局長通知）により、保育所にとどまらず、小規模
保育や家庭的保育等2の地域型保育事業及び認可外保育施設においても、保育所保育指
針の内容に準じて保育を行うことが定められている。

181

2 保育所保育指針の基本的考え方

　保育所保育指針は、厚生労働大臣告示として定められたものであり、規範性を有する基準としての性格をもつ。保育所保育指針に規定されている事項は、その内容によって、①遵守しなければならないもの、②努力義務が課されるもの、③基本原則にとどめ、各保育所の創意や裁量を許容するもの、又は各保育所での取組が奨励されることや保育の実施上の配慮にとどまるものなどに区別される。各保育所は、これらを踏まえ、それぞれの実情に応じて創意工夫を図り、保育を行うとともに、保育所の機能及び質の向上に努めなければならない。また、保育所保育指針においては、保育所保育の取組の構造を明確化するため、保育の基本的な考え方や内容に関する事項とこれらを支える運営に関する事項とを整理して示しているが、保育の実施に当たっては、両者は相互に密接に関連するものである。

　各保育所では、保育所保育指針を日常の保育に活用し、社会的責任を果たしていくとともに、保育の内容の充実や職員の資質・専門性の向上を図ることが求められる。さらに、保育に関わる幅広い関係者に保育所保育指針の趣旨が理解され、全ての子どもの健やかな育ちの実現へとつながる取組が進められていくことが期待される。

3 改定の背景及び経緯

　保育所保育指針は、昭和40年に策定され、平成２年、平成11年と２回の改訂を経た後、前回平成20年度の改定に際して告示化された。その後、子どもの健やかな成長を支援していくため、全ての子どもに質の高い教育・保育を提供することを目標に掲げた子ども・子育て支援新制度が平成27年４月から施行された。また、１、２歳児を中心に保育所利用児童数が大幅に増加するなど、保育をめぐる状況は大きく変化している。

　この間、子どもの育ちや子育てに関わる社会の状況については、少子化や核家族化、地域のつながりの希薄化の進行、共働き家庭の増加等を背景に、様々な課題が拡大、顕在化してきた。子どもが地域の中で人々に見守られながら群れて遊ぶという自生的な育ちが困難となり、乳幼児と触れ合う経験が乏しいまま親になる人も増えてきている一方で、身近な人々から子育てに対する協力や助言を得られにくい状況に置かれている家庭も多いことなどが指摘されている。保育の充実や地域における子育て支援の展開など保

育関係者の努力によって改善されてきた面もあるものの、子育てに対する不安や負担感、孤立感を抱く人は依然として少なくない。こうした中、児童虐待の相談対応件数も増加しており、大きな社会問題となっている。他方、様々な研究成果の蓄積によって、乳幼児期における自尊心や自己制御、忍耐力といった主に社会情動的側面における育ちが、大人になってからの生活に影響を及ぼすことが明らかとなってきた。これらの知見に基づき、保育所において保育士等や他の子どもたちと関わる経験やそのあり方は、乳幼児期以降も長期にわたって、様々な面で個人ひいては社会全体に大きな影響を与えるものとして、我が国はもとより国際的にもその重要性に対する認識が高まっている。

　これらのことを背景に、保育所が果たす社会的な役割は近年より一層重視されている。このような状況の下、平成27年12月に社会保障審議会児童部会保育専門委員会が設置され、幅広い見地から保育所保育指針の改定に向けた検討が行われた。そして、保育専門委員会における「保育所保育指針の改定に関する議論のとりまとめ」(平成28年12月21日)を受けて、新たに保育所保育指針(平成29年厚生労働省告示第117号)が公示され、平成30年4月1日より適用されることとなった。

　保育所保育指針は保育所、保育士等にとって、自らの行う保育の拠りどころとなるものである。今回の改定が保育所保育の質の更なる向上の契機となり、保育所で働く保育士等はもちろん、乳幼児期の子どもの保育に関わる幅広い関係者にもその趣旨が理解され、全ての子どもの健やかな育ちの実現へとつながる取組が、今後も着実に進められていくことが求められる。

4　改定の方向性

　今回の改定は、前述の社会保障審議会児童部会保育専門委員会による議論を踏まえ、以下に示す5点を基本的な方向性として行った。

(1)　乳児・1歳以上3歳未満児の保育に関する記載の充実

　　乳児から2歳児までは、心身の発達の基盤が形成される上で極めて重要な時期である。また、この時期の子どもが、生活や遊びの様々な場面で主体的に周囲の人やものに興味をもち、直接関わっていこうとする姿は、「学びの芽生え」といえるものであり、生涯の学びの出発点にも結び付くものである。こうしたことを踏まえ、3歳未満児の

保育の意義をより明確化し、その内容について一層の充実を図った。特に乳児期は、発達の諸側面が未分化であるため、「健やかに伸び伸びと育つ」「身近な人と気持ちが通じ合う」「身近なものと関わり感性が育つ」の三つの視点から保育内容を整理して示し、実際の保育現場で取り組みやすいものとなるようにした。

(2)　保育所保育における幼児教育の積極的な位置づけ

　　保育所保育においては、子どもが現在を最も良く生き、望ましい未来をつくり出す力の基礎を培うために、環境を通して養護及び教育を一体的に行っている。幼保連携型認定こども園や幼稚園と共に、幼児教育の一翼を担う施設として、教育に関わる側面のねらい及び内容に関して、幼保連携型認定こども園教育・保育要領及び幼稚園教育要領との更なる整合性を図った。また、幼児教育において育みたい子どもたちの資質・能力として、「知識及び技能の基礎」「思考力、判断力、表現力等の基礎」「学びに向かう力、人間性等」を示した。そして、これらの資質・能力が、第2章に示す健康・人間関係・環境・言葉・表現の各領域におけるねらい及び内容に基づいて展開される保育活動全体を通じて育まれていった時、幼児期の終わり頃には具体的にどのような姿として現れるかを、「幼児期の終わりまでに育ってほしい姿」として明確化した。

　　保育に当たっては、これらを考慮しながら、子どもの実態に即して計画を作成し、実践することが求められる。さらに、計画とそれに基づく実践を振り返って評価し、その結果を踏まえた改善を次の計画へ反映させていくことが、保育の質をより高めていく上で重要である。こうしたことを踏まえ、保育の計画の作成と評価及び評価を踏まえた改善等についても、記載内容を充実させた。

(3)　子どもの育ちをめぐる環境の変化を踏まえた健康及び安全の記載の見直し

　　社会状況の様々な変化に伴い、家庭や地域における子どもの生活環境や生活経験も変化・多様化しており、保育所においては、乳幼児一人一人の健康状態や発育の状態に応じて、子どもの健康支援や食育の推進に取り組むことが求められる。また、食物アレルギーをはじめとするアレルギー疾患への対応や、保育中の事故防止等に関しては、保育所内における体制構築や環境面での配慮及び関係機関との連携など、最近の科学的知見等に基づき必要な対策を行い、危険な状態の回避に努めなければならない。

　　さらに、平成23年に発生した東日本大震災を経て、安全、防災の必要性に対する社

会的意識が高まっている。災害発生後には、保育所が被災者をはじめとする地域住民の生活の維持や再建を支える役割を果たすこともある。子どもの生命を守るために、災害発生時の対応を保護者と共有するとともに、平時からの備えや危機管理体制づくり等を行政機関や地域の関係機関と連携しながら進めることが求められる。これらを踏まえて、食育の推進や安全な保育環境の確保等を中心に記載内容を見直し、更なる充実を図った。

(4) 保護者・家庭及び地域と連携した子育て支援の必要性

前回の保育所保育指針改定により「保護者に対する支援」が新たに章として設けられたが、その後も更に子育て家庭に対する支援の必要性は高まっている。それに伴い、多様化する保育ニーズに応じた保育や、特別なニーズを有する家庭への支援、児童虐待の発生予防及び発生時の迅速かつ的確な対応など、保育所の担う子育て支援の役割は、より重要性を増している。また、子ども・子育て支援新制度の施行等を背景に、保育所には、保護者と連携して子どもの育ちを支えるという視点をもち、子どもの育ちを保護者と共に喜び合うことを重視して支援を行うとともに、地域で子育て支援に携わる他の機関や団体など様々な社会資源との連携や協働を強めていくことが求められている。こうしたことを踏まえて、改定前の保育所保育指針における「保護者に対する支援」の章を「子育て支援」に改めた上で、記載内容の整理と充実を図った。

(5) 職員の資質・専門性の向上

保育所に求められる機能や役割が多様化し、保育をめぐる課題も複雑化している。こうした中、保育所が組織として保育の質の向上に取り組むとともに、一人一人の職員が、主体的・協働的にその資質・専門性を向上させていくことが求められている。

このため、各保育所では、保育において特に中核的な役割を担う保育士をはじめ、職員の研修機会の確保と充実を図ることが重要な課題となる。一人一人の職員が、自らの職位や職務内容に応じて、組織の中でどのような役割や専門性が求められているかを理解し、必要な力を身に付けていくことができるよう、キャリアパスを明確にし、それを見据えた体系的な研修計画を作成することが必要である。また、職場内外の研修機会の確保に当たっては、施設長など管理的立場にある者による取組の下での組織的な対応が不可欠である。こうした状況を背景に、平成29年4月には、保育現場にお

けるリーダー的職員等に対する研修内容や研修の実施方法について、「保育士等キャリアアップ研修ガイドライン」が定められた（平成29年4月1日付け雇児保発0401第1号厚生労働省雇用均等・児童家庭局保育課長通知）。今後、各保育所において、このガイドラインに基づく外部研修を活用していくことが期待される。これらのことを踏まえて、施設長の役割及び研修の実施体制を中心に、保育所において体系的・組織的に職員の資質・向上を図っていくための方向性や方法等を明確化した。

5　改定の要点

　改定の方向性を踏まえて、前回の改定における大綱化の方針を維持しつつ、必要な章立ての見直しと記載内容の変更・追記等を行った。主な変更点及び新たな記載内容は、以下の通りである。

⑴　総則

　保育所の役割や保育の目標など保育所保育に関する基本原則を示した上で、養護は保育所保育の基盤であり、保育所保育指針全体にとって重要なものであることから、「養護に関する基本的事項」を総則において記載することとした。また、「保育の計画及び評価」についても総則で示すとともに、改定前の保育所保育指針における「保育課程の編成」については、「全体的な計画の作成」とし、幼保連携型認定こども園教育・保育要領及び幼稚園教育要領との構成的な整合性を図った。

　さらに、「幼児教育を行う施設として共有すべき事項」として、「育みたい資質・能力」及び「幼児期の終わりまでに育ってほしい姿」を、新たに示した。

⑵　保育の内容

　保育所における教育については、幼保連携型認定こども園及び幼稚園と構成の共通化を図り、「健康・人間関係・環境・言葉・表現」の各領域における「ねらい」「内容」「内容の取扱い」を記載した。その際、保育所においては発達による変化が著しい乳幼児期の子どもが長期にわたって在籍することを踏まえ、乳児・1歳以上3歳未満児・3歳以上児に分けて示した。また、改定前の保育所保育指針第2章における「子どもの発達」に関する内容を、「基本的事項」に示すとともに、各時期のねらい及び内容等と併せて記載することとした。

資料編

　乳児保育については、この時期の発達の特性を踏まえ、生活や遊びが充実すること
を通して、子どもたちの身体的・社会的・精神的発達の基盤を培うという基本的な考
え方の下、乳児を主体に、「健やかに伸び伸びと育つ」「身近な人と気持ちが通じ合う」
「身近なものと関わり感性が育つ」という三つの視点から、保育の内容を記載した。
さらに、年齢別に記載するのみでは十分ではない項目については、別途留意すべき事
項として示した。

(3)　健康及び安全

　子どもの育ちをめぐる環境の変化や様々な研究、調査等による知見を踏まえ、アレ
ルギー疾患を有する子どもの保育及び重大事故の発生しやすい保育の場面を具体的に
提示しての事故防止の取組について、新たに記載した。また、感染症対策や食育の推
進に関する項目について、記載内容の充実を図った。さらに、子どもの生命を守るため、
施設・設備等の安全確保や災害発生時の対応体制及び避難への備え、地域の関係機関
等との連携など、保育所における災害への備えに関する節を新たに設けた。

(4)　子育て支援

　改定前の保育所保育指針と同様に、子育て家庭に対する支援について基本的事項を
示した上で、保育所を利用している保護者に対する子育て支援と、地域の保護者等に
対する子育て支援について述べる構成となっている。基本的事項については、改定前
の保育所保育指針の考え方や留意事項を踏襲しつつ、記載内容を整理するとともに、
「保護者が子どもの成長に気付き子育ての喜びを感じられるように努める」ことを明
記した。また、保育所を利用している保護者に対する子育て支援については、保護者
の子育てを自ら実践する力の向上に寄与する取組として、保育の活動に対する保護者
の積極的な参加について記載するとともに、外国籍家庭など特別なニーズを有する家
庭への個別的な支援に関する事項を新たに示した。

　地域の保護者等に対する子育て支援についても、改定前の保育所保育指針において
示された関係機関等との連携や協働、要保護児童への対応等とともに、保育所保育の
専門性を生かすことや一時預かり事業などにおける日常の保育との関連への配慮な
ど、保育所がその環境や特性を生かして地域に開かれた子育て支援を行うことをより
明示的に記載した。

187

⑸　職員の資質向上

　　職員の資質・専門性とその向上について、各々の自己研鑽とともに、保育所が組織
　として職員のキャリアパス等を見据えた研修機会の確保や研修の充実を図ることを重
　視し、施設長の責務や体系的・計画的な研修の実施体制の構築、保育士等の役割分担
　や職員の勤務体制の工夫等、取組の内容や方法を具体的に示した。

幼稚園教育要領解説（抄）

平成30年２月　文部科学省

pp.1-8

第１節　改訂の基本的な考え方

1　改訂の経緯及び基本方針

⑴　改訂の経緯

　　変化が急速で予測が困難な時代にあって、学校教育には、子供たちが様々な変化に
　積極的に向き合い、他者と協働して課題を解決していくことや、様々な情報を見極め
　知識の概念的な理解を実現し情報を再構成するなどして新たな価値につなげていくこ
　と、複雑な状況変化の中で目的を再構築することができるようにすることが求められ
　ている。

　　このことは、本来、我が国の学校教育が大切にしてきたことであるものの、子供た
　ちを取り巻く環境の変化により学校が抱える課題も複雑化・困難化する中で、これま
　でどおり学校の工夫だけにその実現を委ねることは困難になってきている。

　　こうした状況を踏まえ、平成26年11月には、文部科学大臣から新しい時代にふさわ
　しい学習指導要領等の在り方について中央教育審議会に諮問を行った。中央教育審議
　会においては、２年１か月にわたる審議の末、平成28年12月21日に「幼稚園、小学校、
　中学校、高等学校及び特別支援学校の学習指導要領等の改善及び必要な方策等につい
　て（答申）」（以下「中央教育審議会答申」という。）を示した。

資料編

　中央教育審議会答申においては、“よりよい学校教育を通じてよりよい社会を創る”という目標を学校と社会が共有し、連携・協働しながら、新しい時代に求められる資質・能力を子供たちに育む「社会に開かれた教育課程」の実現を目指し、学習指導要領等が、学校、家庭、地域の関係者が幅広く共有し活用できる「学びの地図」としての役割を果たすことができるよう、次の6点にわたってその枠組みを改善するとともに、各学校において教育課程を軸に学校教育の改善・充実の好循環を生み出す「カリキュラム・マネジメント」の実現を目指すことなどが求められた。

①　「何ができるようになるか」（育成を目指す資質・能力）

②　「何を学ぶか」（教科等を学ぶ意義と、教科等間・学校段階間のつながりを踏まえた教育課程の編成）

③　「どのように学ぶか」（各教科等の指導計画の作成と実施、学習・指導の改善・充実）

④　「子供一人一人の発達をどのように支援するか」（子供の発達を踏まえた指導）

⑤　「何が身に付いたか」（学習評価の充実）

⑥　「実施するために何が必要か」（学習指導要領等の理念を実現するために必要な方策）

　これを踏まえ、平成29年3月31日に学校教育法施行規則を改正するとともに、幼稚園教育要領、小学校学習指導要領及び中学校学習指導要領を公示した。幼稚園教育要領は、平成30年4月1日から実施することとしている。

(2)　改訂の基本方針

　今回の改訂は中央教育審議会答申を踏まえ、次の基本方針に基づき行った。

①　今回の改訂の基本的な考え方

　ア　子供たちが未来社会を切り拓くための資質・能力の一層確実な育成と、子供たちに求められる資質・能力とは何かを社会と共有し、連携する「社会に開かれた教育課程」の重視

　イ　知識の理解の質を更に高めた確かな学力の育成

　ウ　道徳教育の充実や体験活動の重視、体育・健康に関する指導の充実による豊かな心や健やかな体の育成

②　育成を目指す資質・能力の明確化

③　「主体的・対話的で深い学び」の実現に向けた授業改善の推進

189

④　各学校におけるカリキュラム・マネジメントの推進

⑤　言語能力の確実な育成、伝統や文化に関する教育の充実、体験活動の充実などについて教育内容の充実

特に、幼稚園教育要領の改訂については、中央教育審議会答申を踏まえ、次の基本方針に基づき行った。

①　幼稚園教育において育みたい資質・能力の明確化

幼稚園教育において育みたい資質・能力として、「知識及び技能の基礎」、「思考力・判断力・表現力等の基礎」、「学びに向かう力、人間性等」の三つを示し、幼稚園教育要領の第2章に示すねらい及び内容に基づく活動全体によって育むことを示した。

②　小学校教育との円滑な接続

「幼児期の終わりまでに育ってほしい姿」(「健康な心と体」「自立心」「協同性」「道徳性・規範意識の芽生え」「社会生活との関わり」「思考力の芽生え」「自然との関わり・生命尊重」「数量・図形、標識や文字などへの関心・感覚」「言葉による伝え合い」「豊かな感性と表現」) を明確にし、これを小学校の教師と共有するなど連携を図り、幼稚園教育と小学校教育との円滑な接続を図るよう努めるものとすることを示した。

③　現代的な諸課題を踏まえた教育内容の見直し

現代的な課題を踏まえた教育内容の見直しを図るとともに、教育課程に係る教育時間の終了後等に行う教育活動や子育ての支援の充実を図った。

2　改訂の要点

(1)　前文の趣旨及び要点

今回の改訂は、前述1(2)で述べた基本方針の下に改訂を行っているが、その理念を明確にし、社会で広く共有されるよう新たに前文を設け、次の事項を示した。

①　教育基本法に規定する教育の目的や目標の明記とこれからの学校に求められること

幼稚園教育要領は、教育基本法に定める教育の目的や目標の達成のため、　学校

190

教育法に基づき国が定める教育課程の基準であり、平成18年に改正された教育基本法における教育の目的及び目標を明記した。また、これからの学校に求められることを明記した。

② 「社会に開かれた教育課程」の実現を目指すこと

　　教育課程を通して、これからの時代に求められる教育を実現していくためには、よりよい学校教育を通してよりよい社会を創るという理念を学校と社会とが共有することが求められる。そのため、それぞれの幼稚園において、幼児期にふさわしい生活をどのように展開し、どのような資質・能力を育むようにするのかを教育課程において明確にしながら、社会との連携及び協働によりその実現を図っていく、「社会に開かれた教育課程」の実現が重要となることを示した。

③ 幼稚園教育要領を踏まえた創意工夫に基づく教育活動の充実

　　幼稚園教育要領は、公の性質を有する幼稚園における教育水準を全国的に確保することを目的に、教育課程の基準を大綱的に定めるものであり、それぞれの幼稚園は、幼稚園教育要領を踏まえ、各幼稚園の特色を生かして創意工夫を重ね、長年にわたり積み重ねられてきた教育実践や学術研究の蓄積を生かしながら、幼児や地域の現状や課題を捉え、家庭や地域社会と協力して、教育活動の更なる充実を図っていくことが重要であることを示した。

⑵ 「総則」の改訂の要点

　　第1章　総則については、幼稚園、家庭、地域の関係者で幅広く共有し活用できる「学びの地図」としての役割を果たすことができるよう、構成を抜本的に改善するとともに、以下のような改訂を行った。

① 幼稚園教育の基本

　　幼児期の教育における見方・考え方を新たに示すとともに、計画的な環境の構成に関連して教材を工夫することを新たに示した。

② 幼稚園教育において育みたい資質・能力及び「幼児期の終わりまでに育ってほしい姿」

　　幼稚園教育において育みたい資質・能力と「幼児期の終わりまでに育ってほしい姿」を新たに示すとともに、これらと第2章の「ねらい及び内容」との関係につい

191

て新たに示した。

③　教育課程の役割と編成等

・各幼稚園においてカリキュラム・マネジメントの充実に努めること

・各幼稚園の教育目標を明確にし、教育課程の編成についての基本的な方針が家庭や地域とも共有されるよう努めること

・満３歳児が学年の途中から入園することを考慮し、安心して幼稚園生活を過ごすことができるよう配慮すること

・幼稚園生活が安全なものとなるよう、教職員による協力体制の下、園庭や園舎などの環境の配慮や指導の工夫を行うこと

・「幼児期の終わりまでに育ってほしい姿」を共有するなど連携を図り、幼稚園教育と小学校教育との円滑な接続を図るよう努めること

・教育課程を中心に、幼稚園の様々な計画を関連させ、一体的に教育活動が展開されるよう全体的な計画を作成すること

④　指導計画の作成と幼児理解に基づいた評価

・多様な体験に関連して、幼児の発達に即して主体的・対話的で深い学びが実現するようにすること

・幼児の発達を踏まえた言語環境を整え、言語活動の充実を図ること

・幼児の実態を踏まえながら、教師や他の幼児と共に遊びや生活の中で見通しをもったり、振り返ったりするよう工夫すること

・幼児期は直接的な体験が重要であることを踏まえ、視聴覚教材やコンピュータなど情報機器を活用する際には、幼稚園生活では得難い体験を補完するなど、幼児の体験との関連を考慮すること

・幼児理解に基づいた評価の実施に当たっては、指導の過程を振り返りながら幼児の理解を進め、幼児一人一人のよさや可能性などを把握し、指導の改善に生かすようにすることに留意すること、また、評価の妥当性や信頼性が高められるよう創意工夫を行うこと

⑤　特別な配慮を必要とする幼児への指導

・障害のある幼児などへの指導に当たっては、長期的な視点で幼児への教育的支援

を行うための個別の教育支援計画と、個別の指導計画を作成し活用することに努めること

・海外から帰国した幼児や生活に必要な日本語の習得に困難のある幼児については、個々の幼児の実態に応じ、指導内容等の工夫を組織的かつ計画的に行うこと

⑥　幼稚園運営上の留意事項

・園長の方針の下に、教職員が適切に役割を分担、連携しつつ、教育課程や指導の改善を図るとともに、学校評価については、カリキュラム・マネジメントと関連付けながら実施するよう留意すること

・幼稚園間に加え、小学校等との間の連携や交流を図るとともに、障害のある幼児児童生徒との交流及び共同学習の機会を設け、協働して生活していく態度を育むよう努めること

⑶　「ねらい及び内容」の改訂の要点

　　第２章では，「ねらい」を幼稚園教育において育みたい資質・能力を幼児の生活する姿から捉えたもの、「内容の取扱い」を幼児の発達を踏まえた指導を行うに当たって留意すべき事項として新たに示すとともに、指導を行う際に「幼児期の終わりまでに育ってほしい姿」を考慮することを新たに示した。

①　領域「健康」

　　見通しをもって行動することを「ねらい」に新たに示した。また、食べ物への興味や関心をもつことを「内容」に示すとともに、「幼児期運動指針」（平成24年３月文部科学省）などを踏まえ、多様な動きを経験する中で、体の動きを調整するようにすることを「内容の取扱い」に新たに示した。さらに、これまで指導計画の作成に当たっての留意事項に示されていた安全に関する記述を、安全に関する指導の重要性の観点等から「内容の取扱い」に位置付けた。

②　領域「人間関係」

　　工夫したり、協力したりして一緒に活動する楽しさを味わうことを「ねらい」に新たに示した。また、諦めずにやり遂げることの達成感や、前向きな見通しをもつことなどを「内容の取扱い」に新たに示した。

193

③　領域「環境」

　　日常生活の中で、我が国や地域社会における様々な文化や伝統に親しむことなど
を「内容」に新たに示した。また、文化や伝統に親しむ際には、正月や節句など我
が国の伝統的な行事、国歌、唱歌、わらべうたや伝統的な遊びに親しんだり、異な
る文化に触れる活動に親しんだりすることを通じて、社会とのつながりの意識や国
際理解の意識の芽生えなどが養われるようにすることなどを「内容の取扱い」に新
たに示した。

④　領域「言葉」

　　言葉に対する感覚を豊かにすることを「ねらい」に新たに示した。また、生活の
中で、言葉の響きやリズム、新しい言葉や表現などに触れ、これらを使う楽しさを
味わえるようにすることを「内容の取扱い」に新たに示した。

⑤　領域「表現」

　　豊かな感性を養う際に、風の音や雨の音、身近にある草や花の形や色など自然の
中にある音、形、色などに気付くようにすることを「内容の取扱い」に新たに示した。

(4)　「教育課程に係る教育時間の終了後等に行う教育活動などの留意事項」の改訂の要
点

　　第3章では、以下のような改訂を行った。

①　教育課程に係る教育時間の終了後等に行う教育活動などの留意事項

　　教育課程に係る教育時間終了後等に行う教育活動の計画を作成する際に、地域の
人々と連携するなど、地域の様々な資源を活用しつつ、多様な体験ができるように
することを新たに示した。

②　子育ての支援

　　幼稚園が地域における幼児期の教育のセンターとしての役割を果たす際に、心理
や保健の専門家、地域の子育て経験者等と連携・協働しながら取り組むことを新た
に示した。

資料編

小学校学習指導要領解説　総則編（抄）

平成29年7月　文部科学省

pp.1-7、pp.11-12、p.175

第1章　総説

1　改訂の経緯及び基本方針

(1)　改訂の経緯

　　今の子供たちやこれから誕生する子供たちが、成人して社会で活躍する頃には、我が国は厳しい挑戦の時代を迎えていると予想される。生産年齢人口の減少、グローバル化の進展や絶え間ない技術革新等により、社会構造や雇用環境は大きく、また急速に変化しており、予測が困難な時代となっている。また、急激な少子高齢化が進む中で成熟社会を迎えた我が国にあっては、一人一人が持続可能な社会の担い手として、その多様性を原動力とし、質的な豊かさを伴った個人と社会の成長につながる新たな価値を生み出していくことが期待される。

　　こうした変化の一つとして、人工知能（AI）の飛躍的な進化を挙げることができる。人工知能が自ら知識を概念的に理解し、思考し始めているとも言われ、雇用の在り方や学校において獲得する知識の意味にも大きな変化をもたらすのではないかとの予測も示されている。このことは同時に、人工知能がどれだけ進化し思考できるようになったとしても、その思考の目的を与えたり、目的のよさ・正しさ・美しさを判断したりできるのは人間の最も大きな強みであるということの再認識につながっている。

　　このような時代にあって、学校教育には、子供たちが様々な変化に積極的に向き合い、他者と協働して課題を解決していくことや、様々な情報を見極め知識の概念的な理解を実現し情報を再構成するなどして新たな価値につなげていくこと、複雑な状況変化の中で目的を再構築することができるようにすることが求められている。

　　このことは、本来、我が国の学校教育が大切にしてきたことであるものの、教師の世代交代が進むと同時に、学校内における教師の世代間のバランスが変化し、教育に関わる様々な経験や知見をどのように継承していくかが課題となり、また、子供たちを取り巻く環境の変化により学校が抱える課題も複雑化・困難化する中で、これまで

195

どおり学校の工夫だけにその実現を委ねることは困難になってきている。

　こうした状況を踏まえ、平成26年11月には、文部科学大臣から新しい時代にふさわしい学習指導要領等の在り方について中央教育審議会に諮問を行った。中央教育審議会においては、2年1か月にわたる審議の末、平成28年12月21日に「幼稚園、小学校、中学校、高等学校及び特別支援学校の学習指導要領等の改善及び必要な方策等について（答申）」（以下「中央教育審議会答申」という。）を示した。

　中央教育審議会答申においては、"よりよい学校教育を通じてよりよい社会を創る"という目標を学校と社会が共有し、連携・協働しながら、新しい時代に求められる資質・能力を子供たちに育む「社会に開かれた教育課程」の実現を目指し、学習指導要領等が、学校、家庭、地域の関係者が幅広く共有し活用できる「学びの地図」としての役割を果たすことができるよう、次の6点にわたってその枠組みを改善するとともに、各学校において教育課程を軸に学校教育の改善・充実の好循環を生み出す「カリキュラム・マネジメント」の実現を目指すことなどが求められた。

① 「何ができるようになるか」（育成を目指す資質・能力）

② 「何を学ぶか」（教科等を学ぶ意義と、教科等間・学校段階間のつながりを踏まえた教育課程の編成）

③ 「どのように学ぶか」（各教科等の指導計画の作成と実施、学習・指導の改善・充実）

④ 「子供一人一人の発達をどのように支援するか」（子供の発達を踏まえた指導）

⑤ 「何が身に付いたか」（学習評価の充実）

⑥ 「実施するために何が必要か」（学習指導要領等の理念を実現するために必要な方策）

　これを踏まえ、平成29年3月31日に学校教育法施行規則を改正するとともに、幼稚園教育要領、小学校学習指導要領及び中学校学習指導要領を公示した。小学校学習指導要領は、平成30年4月1日から第3学年及び第4学年において外国語活動を実施する等の円滑に移行するための措置（移行措置）を実施し、平成32年4月1日から全面実施することとしている。また、中学校学習指導要領は、平成30年4月1日から移行措置を実施し、平成33年4月1日から全面実施することとしている。

196

資料編

(2) 改訂の基本方針

今回の改訂は中央教育審議会答申を踏まえ、次の基本方針に基づき行った。

① 今回の改訂の基本的な考え方

ア　教育基本法、学校教育法などを踏まえ、これまでの我が国の学校教育の実践や蓄積を生かし、子供たちが未来社会を切り拓くための資質・能力を一層確実に育成することを目指す。その際、子供たちに求められる資質・能力とは何かを社会と共有し、連携する「社会に開かれた教育課程」を重視すること。

イ　知識及び技能の習得と思考力、判断力、表現力等の育成のバランスを重視する平成20年改訂の学習指導要領の枠組みや教育内容を維持した上で、知識の理解の質を更に高め、確かな学力を育成すること。

ウ　先行する特別教科化など道徳教育の充実や体験活動の重視、体育・健康に関する指導の充実により、豊かな心や健やかな体を育成すること。

② 育成を目指す資質・能力の明確化

中央教育審議会答申においては、予測困難な社会の変化に主体的に関わり、感性を豊かに働かせながら、どのような未来を創っていくのか、どのように社会や人生をよりよいものにしていくのかという目的を自ら考え、自らの可能性を発揮し、よりよい社会と幸福な人生の創り手となる力を身に付けられるようにすることが重要であること、こうした力は全く新しい力ということではなく学校教育が長年その育成を目指してきた「生きる力」であることを改めて捉え直し、学校教育がしっかりとその強みを発揮できるようにしていくことが必要とされた。また、汎用的な能力の育成を重視する世界的な潮流を踏まえつつ、知識及び技能と思考力、判断力、表現力等をバランスよく育成してきた我が国の学校教育の蓄積を生かしていくことが重要とされた。

このため「生きる力」をより具体化し、教育課程全体を通して育成を目指す資質・能力を、ア「何を理解しているか、何ができるか（生きて働く「知識・技能」の習得）」、イ「理解していること・できることをどう使うか（未知の状況にも対応できる「思考力・判断力・表現力等」の育成）」、ウ「どのように社会・世界と関わり、よりよい人生を送るか（学びを人生や社会に生かそうとする「学びに向かう力・人間性等」

197

の涵養）」の三つの柱に整理するとともに、各教科等の目標や内容についても、この三つの柱に基づく再整理を図るよう提言がなされた。

　今回の改訂では、知・徳・体にわたる「生きる力」を子供たちに育むために「何のために学ぶのか」という各教科等を学ぶ意義を共有しながら、授業の創意工夫や教科書等の教材の改善を引き出していくことができるようにするため、全ての教科等の目標及び内容を「知識及び技能」、「思考力、判断力、表現力等」、「学びに向かう力、人間性等」の三つの柱で再整理した。

③　「主体的・対話的で深い学び」の実現に向けた授業改善の推進

　子供たちが、学習内容を人生や社会の在り方と結び付けて深く理解し、これからの時代に求められる資質・能力を身に付け、生涯にわたって能動的に学び続けることができるようにするためには、これまでの学校教育の蓄積を生かし、学習の質を一層高める授業改善の取組を活性化していくことが必要であり、我が国の優れた教育実践に見られる普遍的な視点である「主体的・対話的で深い学び」の実現に向けた授業改善（アクティブ・ラーニングの視点に立った授業改善）を推進することが求められる。

　今回の改訂では「主体的・対話的で深い学び」の実現に向けた授業改善を進める際の指導上の配慮事項を総則に記載するとともに、各教科等の「第３　指導計画の作成と内容の取扱い」において、単元や題材など内容や時間のまとまりを見通して、その中で育む資質・能力の育成に向けて、「主体的・対話的で深い学び」の実現に向けた授業改善を進めることを示した。

　その際、以下の６点に留意して取り組むことが重要である。

ア　児童生徒に求められる資質・能力を育成することを目指した授業改善の取組は、既に小・中学校を中心に多くの実践が積み重ねられており、特に義務教育段階はこれまで地道に取り組まれ蓄積されてきた実践を否定し、全く異なる指導方法を導入しなければならないと捉える必要はないこと。

イ　授業の方法や技術の改善のみを意図するものではなく、児童生徒に目指す資質・能力を育むために「主体的な学び」、「対話的な学び」、「深い学び」の視点で、授業改善を進めるものであること。

資料編

ウ　各教科等において通常行われている学習活動（言語活動、観察・実験、問題解決的な学習など）の質を向上させることを主眼とするものであること。

エ　１回１回の授業で全ての学びが実現されるものではなく、単元や題材など内容や時間のまとまりの中で、学習を見通し振り返る場面をどこに設定するか、グループなどで対話する場面をどこに設定するか、児童生徒が考える場面と教師が教える場面をどのように組み立てるかを考え、実現を図っていくものであること。

オ　深い学びの鍵として「見方・考え方」を働かせることが重要になること。各教科等の「見方・考え方」は、「どのような視点で物事を捉え、どのような考え方で思考していくのか」というその教科等ならではの物事を捉える視点や考え方である。各教科等を学ぶ本質的な意義の中核をなすものであり、教科等の学習と社会をつなぐものであることから、児童生徒が学習や人生において「見方・考え方」を自在に働かせることができるようにすることにこそ、教師の専門性が発揮されることが求められること。

カ　基礎的・基本的な知識及び技能の習得に課題がある場合には、その確実な習得を図ることを重視すること。

④　各学校におけるカリキュラム・マネジメントの推進

　　各学校においては、教科等の目標や内容を見通し、特に学習の基盤となる資質・能力（言語能力、情報活用能力（情報モラルを含む。以下同じ。）、問題発見・解決能力等）や現代的な諸課題に対応して求められる資質・能力の育成のためには、教科等横断的な学習を充実することや、「主体的・対話的で深い学び」の実現に向けた授業改善を、単元や題材など内容や時間のまとまりを見通して行うことが求められる。これらの取組の実現のためには、学校全体として、児童生徒や学校、地域の実態を適切に把握し、教育内容や時間の配分、必要な人的・物的体制の確保、教育課程の実施状況に基づく改善などを通して、教育活動の質を向上させ、学習の効果の最大化を図るカリキュラム・マネジメントに努めることが求められる。

　　このため総則において、「児童や学校、地域の実態を適切に把握し、教育の目的や目標の実現に必要な教育の内容等を教科等横断的な視点で組み立てていくこと、教育課程の実施状況を評価してその改善を図っていくこと、教育課程の実施に必要

な人的又は物的な体制を確保するとともにその改善を図っていくことなどを通して、教育課程に基づき組織的かつ計画的に各学校の教育活動の質の向上を図っていくこと（以下「カリキュラム・マネジメント」という。）に努める」ことについて新たに示した。

⑤　教育内容の主な改善事項

このほか、言語能力の確実な育成、理数教育の充実、伝統や文化に関する教育の充実、体験活動の充実、外国語教育の充実などについて総則や各教科等において、その特質に応じて内容やその取扱いの充実を図った。

2　改訂の要点

⑴　学校教育法施行規則改正の要点

学校教育法施行規則では、教育課程編成の基本的な要素である各教科等の種類や授業時数、合科的な指導等について規定している。今回は、これらの規定について次のような改正を行った。

ア　児童が将来どのような職業に就くとしても、外国語で多様な人々とコミュニケーションを図ることができる能力は、生涯にわたる様々な場面で必要とされることが想定され、その基礎的な力を育成するために、小学校第３・４学年に「外国語活動」を、第５・６学年に「外国語科」を新設することとした。このため、学校教育法施行規則第50条においては、「小学校の教育課程は、国語、社会、算数、理科、生活、音楽、図画工作、家庭、体育及び外国語の各教科（中略）、特別の教科である道徳、外国語活動、総合的な学習の時間並びに特別活動によって編成するものとする。」と規定することとした。

なお、特別の教科である道徳を位置付ける改正は、平成27年３月に行い、平成30年４月１日から施行することとなっており、今回の学校教育法施行規則の改正はそれを踏まえた上で、平成32年４月１日から施行することとなる。

イ　授業時数については、第３・４学年で新設する外国語活動に年間35単位時間、第５・６学年で新設する外国語科に年間70単位時間を充てることとし（第５・６学年の外国語活動は廃止）、それに伴い各学年の年間総授業時数は、従来よりも、

資料編

第3学年から第6学年で年間35単位時間増加することとした。

(2) 前文の趣旨及び要点

　学習指導要領等は、時代の変化や子供たちの状況、社会の要請等を踏まえ、これまでおおよそ10年ごとに改訂してきた。今回の改訂は、前述1(2)で述べた基本方針の下に行っているが、その理念を明確にし、社会で広く共有されるよう新たに前文を設け、次の事項を示した。

① 教育基本法に規定する教育の目的や目標の明記とこれからの学校に求められること

　学習指導要領は、教育基本法に定める教育の目的や目標の達成のため、学校教育法に基づき国が定める教育課程の基準であり、いわば学校教育の「不易」として、平成18年の教育基本法の改正により明確になった教育の目的及び目標を明記した。また、これからの学校には、急速な社会の変化の中で、一人一人の児童が自分のよさや可能性を認識できる自己肯定感を育むなど、持続可能な社会の創り手となることができるようにすることが求められることを明記した。

② 「社会に開かれた教育課程」の実現を目指すこと

　教育課程を通して、これからの時代に求められる教育を実現していくためには、よりよい学校教育を通してよりよい社会を創るという理念を学校と社会とが共有することが求められる。そのため、それぞれの学校において、必要な学習内容をどのように学び、どのような資質・能力を身に付けられるようにするのかを教育課程において明確にしながら、社会との連携及び協働によりその実現を図っていく、「社会に開かれた教育課程」の実現が重要となることを示した。

③ 学習指導要領を踏まえた創意工夫に基づく教育活動の充実

　学習指導要領は、公の性質を有する学校における教育水準を全国的に確保することを目的に、教育課程の基準を大綱的に定めるものであり、それぞれの学校は、学習指導要領を踏まえ、各学校の特色を生かして創意工夫を重ね、長年にわたり積み重ねられてきた教育実践や学術研究の蓄積を生かしながら、児童や地域の現状や課題を捉え、家庭や地域社会と協力して、教育活動の更なる充実を図っていくことが重要であることを示した。

⑶　総則改正の要点

　　総則については、今回の改訂の趣旨が教育課程の編成や実施に生かされるようにする観点から、①資質・能力の育成を目指す「主体的・対話的で深い学び」の実現に向けた授業改善を進める、②カリキュラム・マネジメントの充実、③児童の発達の支援、家庭や地域との連携・協働を重視するなどの改善を行った。

①　資質・能力の育成を目指す「主体的・対話的で深い学び」

・学校教育を通して育成を目指す資質・能力を「知識及び技能」、「思考力、判断力、表現力等」、「学びに向かう力、人間性等」に再整理し、それらがバランスよく育まれるよう改善した。

・言語能力、情報活用能力、問題発見・解決能力等の学習の基盤となる資質・能力や、現代的な諸課題に対応して求められる資質・能力を教科等横断的な視点に基づき育成されるよう改善した。

・資質・能力の育成を目指し、「主体的・対話的で深い学び」の実現に向けた授業改善が推進されるよう改善した。

・言語活動や体験活動、ICT等を活用した学習活動等を充実するよう改善するとともに、情報手段の基本的な操作の習得やプログラミング教育を新たに位置付けた。

②　カリキュラム・マネジメントの充実

・カリキュラム・マネジメントの実践により、校内研修の充実等が図られるよう、章立てを改善した。

・児童の実態等を踏まえて教育の内容や時間を配分し、授業改善や必要な人的・物的資源の確保などの創意工夫を行い、組織的・計画的な教育の質的向上を図るカリキュラム・マネジメントを推進するよう改善した。

③　児童の発達の支援、家庭や地域との連携・協働

・児童一人一人の発達を支える視点から、学級経営や生徒指導、キャリア教育の充実について示した。

・障害のある児童や海外から帰国した児童、日本語の習得に困難のある児童、不登校の児童など、特別な配慮を必要とする児童への指導と教育課程の関係について示した。

・教育課程の実施に当たり、家庭や地域と連携・協働していくことを示した。

第2章　教育課程の基準

第1節　教育課程の意義

　教育課程は、日々の指導の中でその存在があまりにも当然のこととなっており、その意義が改めて振り返られる機会は多くはないが、各学校の教育活動の中核として最も重要な役割を担うものである。教育課程の意義については様々な捉え方があるが、学校において編成する教育課程については、学校教育の目的や目標を達成するために、教育の内容を児童の心身の発達に応じ、授業時数との関連において総合的に組織した各学校の教育計画であると言うことができ、その際、学校の教育目標の設定、指導内容の組織及び授業時数の配当が教育課程の編成の基本的な要素になってくる。

　学校教育の目的や目標は教育基本法及び学校教育法に示されている。まず、教育基本法においては、教育の目的（第1条）及び目標（第2条）が定められているとともに、義務教育の目的（第5条第2項）や学校教育の基本的役割（第6条第2項）が定められている。これらの規定を踏まえ、学校教育法においては、義務教育の目標（第21条）や小学校の目的（第29条）及び目標（第30条）に関する規定がそれぞれ置かれている。

　これらの規定を踏まえ、学校教育法施行規則においては、教育課程は、国語、社会、算数、理科、生活、音楽、図画工作、家庭、体育及び外国語の各教科、特別の教科である道徳、外国語活動、総合的な学習の時間並びに特別活動（以下「各教科等」という。）によって編成することとしており、学習指導要領においては、各教科等の目標や指導内容を学年段階に即して示している。

　各学校においては、こうした法令で定められている教育の目的や目標などに基づき、児童や学校、地域の実態に即し、学校教育全体や各教科等の指導を通して育成を目指す資質・能力を明確にすること（第1章総則第1の3参照）や、各学校の教育目標を設定（第1章総則第2の1参照）することが求められ、それらを実現するために必要な各教科等の教育の内容を、教科等横断的な視点をもちつつ、学年相互の関連を図りながら組織する必要がある。

　授業時数については、教育の内容との関連において定められるべきものであるが、学

校における児童の一定の生活時間を、教育の内容とどのように組み合わせて効果的に配当するかは、教育課程の編成上重要な要素になってくる。学校教育法施行規則に各教科等の標準授業時数を定めているので、各学校はそれを踏まえ授業時数を定めなければならない（第１章総則第２の３⑵参照）。

　各学校においては、以上のように、教育基本法や学校教育法をはじめとする教育課程に関する法令に従い、学校教育全体や各教科等の目標やねらいを明確にし、それらを実現するために必要な教育の内容を、教科等横断的な視点をもちつつ、学年相互の関連を図りながら、授業時数との関連において総合的に組織していくことが求められる。こうした教育課程の編成は、第１章総則第１の４に示すカリキュラム・マネジメントの一環として行われるものであり、総則の項目立てについては、各学校における教育課程の編成や実施等に関する流れを踏まえて、①小学校教育の基本と教育課程の役割（第１章総則第１）、②教育課程の編成（第１章総則第２）、③教育課程の実施と学習評価（第１章総則第３）、④児童の発達の支援（第１章総則第４）、⑤学校運営上の留意事項（第１章総則第５）、⑥道徳教育に関する配慮事項（第１章総則第６）としているところである。

資料編

別表第一 （第五十一条関係）

区　　　　分		第1学年	第2学年	第3学年	第4学年	第5学年	第6学年
各教科の授業時数	国　　語	306	315	245	245	175	175
	社　　会			70	90	100	105
	算　　数	136	175	175	175	175	175
	理　　科			90	105	105	105
	生　　活	102	105				
	音　　楽	68	70	60	60	50	50
	図画工作	68	70	60	60	50	50
	家　　庭					60	55
	体　　育	102	105	105	105	90	90
	外 国 語					70	70
特別の教科である道徳の授業時数		34	35	35	35	35	35
外国語活動の授業時数				35	35		
総合的な学習の時間の授業時数				70	70	70	70
特別活動の授業時数		34	35	35	35	35	35
総授業時数		850	910	980	1015	1015	1015

備考
　一　この表の授業時数の一単位時間は、四十五分とする。
　二　特別活動の授業時数は、小学校学習指導要領で定める学級活動（学校給食に係るものを除く。）に充てるものとする。
　三　第五十条第二項の場合において、道徳のほかに宗教を加えるときは、宗教の授業時数をもってこの表の道徳の授業時数の一部に代えることができる。（別表第二及び別表第四の場合においても同様とする。）

（p.175より抜粋）

205

編著者紹介

岡野　聡子（奈良学園大学人間教育学部・准教授）

　　兵庫教育大学大学院学校教育研究科人間発達教育専攻修了(学校教育学修士)。専門は、幼児教育、地域福祉（子育て支援）、キャリア教育である。主な著書に『次世代の教育原理』（共著、2012、大学教育出版）、『子どもと環境〜身近な環境とのかかわりを深めるために〜』（単著、2013、ERPブックレット）、『MINERVAはじめて学ぶ保育⑫子育て支援』（共著、2018、ミネルヴァ書房）などがある。

　　執筆分担：第1章（第1節）、第3章（第2節1-2)・1-3))、第4章（第1節1・1-2))、第5章（第1節1-3))

執筆者（所属）：執筆分担

松田　智子（森ノ宮医療大学・教授）：第1章（第2節）

大野　鈴子（元環太平洋大学・特任教授）：第2章（第1節）

吉村　啓子（関西国際大学・教授）：第2章（第2節・第3節）

筒井　愛知（岡山理科大学・非常勤講師）：第3章（第1節・第2節2・同3・第3節）

村田眞里子（京都教育大学附属幼稚園・副園長）：第3章（第2節1-1)・第2節2のK幼稚園の事例）

薮田　弘美（美作大学・准教授）：第4章（第2節1・2）

辻野　　孝（京都光華女子大学短期大学部・教授）：第4章（第1節1-1)・第2節3-1))

伊崎　一夫（関西福祉大学・教授）：第4章（第2節3-2))

中道　美鶴（関西福祉大学・教授）：第4章（第3節）

山本（岡田）美紀（岡山情報ビジネス学院・教諭）：第5章（第1節1-1)・2・3）

田中　卓也（静岡産業大学・教授）：第5章（第1節1-2))

前川　豊子（京都造形芸術大学・教授）：第5章（第2節）

平野　知見（京都文教大学・准教授）：第5章（第3節）

（執筆順）

〈謝辞〉

　　改訂に当たり、なるべく多くの事例を掲載したいと考えていました。広陵町立真美ケ丘第一小学校附属幼稚園の小島園長先生はじめ各位には多大なご協力をいただき、写真等の使用も快く承諾してくださいました。また、吉田千尋さんには、初版から改訂に至るまで、最後まで入念な文章のチェックとアドバイスをいただきました。

　　この場をお借りして各位に心から感謝申し上げます。

2019年3月

編著者 岡野　聡子

JCOPY 〈㈳出版者著作権管理機構 委託出版物〉

本書の無断複写（電子化を含む）は著作権法上での例外を除き禁じられています。本書をコピーされる場合は、そのつど事前に㈳出版者著作権管理機構（電話 03-5244-5088、FAX 03-5244-5089、e-mail: info@jcopy.or.jp）の許諾を得てください。
また本書を代行業者等の第三者に依頼してスキャンやデジタル化することは、たとえ個人や家庭内での利用であっても著作権法上認められておりません。

子どもの生活理解と環境づくり　改訂版
～就学前教育領域「環境」と小学校教育「生活科」から考える～

2013 年 3 月 28 日　初版発行
2019 年 3 月 28 日　改訂版発行
2020 年 11 月 30 日　改訂版 2 刷発行

編　著　者　　岡野　聡子

発　　　行　　ふくろう出版
　　　　　　　〒700-0035　岡山市北区高柳西町 1-23
　　　　　　　　　　　　　友野印刷ビル
　　　　　　　TEL：086-255-2181
　　　　　　　FAX：086-255-6324
　　　　　　　http://www.296.jp
　　　　　　　e-mail：info@296.jp
　　　　　　　振替　01310-8-95147

印刷・製本　　友野印刷株式会社
ISBN978-4-86186-748-4 C3037　　©2019

定価はカバーに表示してあります。乱丁・落丁はお取り替えいたします。

カバーイラスト　二見　華苗